Por que apenas nós?

FUNDAÇÃO EDITORA DA UNESP

Presidente do Conselho Curador
Mário Sérgio Vasconcelos

Diretor-Presidente
Jézio Hernani Bomfim Gutierre

Superintendente Administrativo e Financeiro
William de Souza Agostinho

Conselho Editorial Acadêmico
Danilo Rothberg
Luis Fernando Ayerbe
Marcelo Takeshi Yamashita
Maria Cristina Pereira Lima
Milton Terumitsu Sogabe
Newton La Scala Júnior
Pedro Angelo Pagni
Renata Junqueira de Souza
Sandra Aparecida Ferreira
Valéria dos Santos Guimarães

Editores-Adjuntos
Anderson Nobara
Leandro Rodrigues

Robert C. Berwick
Noam Chomsky

Por que apenas nós?
Linguagem e evolução

Tradução
Gabriel de Ávila Othero
Luisandro Mendes de Souza

© 2016 Robert C. Berwick e Noam Chomsky
© 2017 Editora Unesp

Título original: *Why only Us? Language and Evolution*

Direitos de publicação reservados à:
Fundação Editora da Unesp (FEU)
Praça da Sé, 108
01001-900 – São Paulo – SP
Tel.: (0xx11) 3242-7171
Fax: (0xx11) 3242-7172
www.editoraunesp.com.br
www.livrariaunesp.com.br
atendimento.editora@unesp.br

Dados Internacionais de Catalogação na Publicação (CIP)
Vagner Rodolfo CRB-8/9410

B553p
    Berwick, Robert C.
       Por que apenas nós? linguagem e evolução / Robert C. Berwick, Noam Chomsky ; traduzido por Gabriel de Ávila Othero, Luisandro Mendes de Souza. – São Paulo: Editora Unesp, 2017.

       Tradução de: *Why only Us? Language and Evolution*
       ISBN: 978-85-393-0701-2

       1. Linguística. 2. Biologia Evolutiva. 3. Natureza da linguagem. I. Chomsky, Noam. II. Othero, Gabriel de Ávila. III. Souza, Luisandro Mendes de. IV. Título.

2017-501   CDD 410
                                                                                      CDU 81'1

Editora afiliada:

Sumário

Agradecimentos 7

1 Por que agora? 9
2 Biolinguística evoluindo 67
3 Arquitetura da linguagem e sua relação
   com a evolução 107
4 Triângulos no cérebro 127

Referências bibliográficas 189
Índice onomástico 205
Índice remissivo 211

Agradecimentos

A evolução, como a conhecemos, não seria possível sem mudança, variação, seleção e hereditariedade. Este livro não é exceção. Tivemos a sorte de contar com inúmeras pessoas que sugeriram mudanças, incentivaram a variação e eliminaram as mutações deletérias. Mas, como tudo mais na Biologia, a evolução, mesmo a seleção artificial, permanece imperfeita. Nós sozinhos – não nossos genes, e com certeza não as pessoas que nos ajudaram – somos os responsáveis por todas as imperfeições restantes. Apenas por meio de novas e sucessivas modificações, pequenas e não tão sutis, é que estes capítulos poderiam formar um "órgão de extrema perfeição". Só o tempo dirá. Esperamos poder transmitir qualquer coisa que seja valiosa para a próxima geração, que possa realmente resolver o enigma da evolução da linguagem.

Uma nova mudança evolutiva é a mais difícil de todas. Somos gratos a Marilyn Matz por ter nos inspirado a escrever este livro. Também gostaríamos de agradecer à Real Academia Holandesa de Artes e Ciências, que subscreveu a conferência onde os Capítulos 3 e 4 nasceram, e às pessoas que organizaram essa conferência, entre elas Johan Bolhuis, Martin Everaert e Riny Huybrechts. Uma versão um pouco diferente do Capítulo 2 apareceu pela primeira vez no livro *Biolinguistic Investigations* [Investigações biolinguísticas], organizado por Anna Maria Di Sciullo e Cedric Boeckx e publicado pela Oxford University Press.

1
Por que agora?

Nós nascemos chorando, mas esses gritos já anunciam os primeiros sinais de linguagem. O choro de bebês alemães reflete a melodia da fala alemã; o choro de bebês franceses reflete a fala francesa – algo aparentemente adquirido ainda no útero (Mampe et al., 2009). Já no primeiro ano de vida, as crianças dominam o sistema sonoro de sua língua. Depois de mais alguns anos, elas começam a conversar com seus cuidadores. Essa notável habilidade, específica de nossa espécie, para adquirir qualquer linguagem humana – a "faculdade da linguagem" – há muito tempo levanta questões biológicas importantes, como as seguintes: Qual é a natureza da linguagem? Como ela funciona? Como evoluiu?

Esta coleção de ensaios aborda a terceira questão mencionada: a evolução da linguagem. Apesar de afirmações em contrário, a verdade é que sempre houve um forte interesse sobre a evolução da linguagem, desde o início da gramática gerativa na metade do século XX. A gramática gerativa procurou, de modo inédito, fornecer descrições explícitas de línguas – gramáticas – que pudessem explicar aquilo que chamaremos de Propriedade Básica da linguagem, ou seja: o fato de que uma língua é um sistema computacional finito que produz uma infinidade de expressões, cada uma delas com uma interpretação definitiva nos sistemas semântico-pragmático e sensório-motor (informalmente, pensamento e som). Quando esse problema foi abordado pela primeira vez, a tarefa parecia grande demais. Os linguistas se esforçavam para construir gramáticas razoavelmente adequadas, e os resultados eram tão complexos que parecia claro, na época, que eles não podiam ser fruto de evolução. Por essa razão, as discussões sobre a evolução da linguagem poucas vezes foram publicadas, embora houvesse algumas exceções notáveis.

Então, o que mudou? Para começar, a teoria linguística amadureceu. Sistemas linguísticos complexos baseados em regras agora são uma coisa do passado. Eles foram substituídos por abordagens muito mais simples e, portanto, evolutivamente plausíveis. Além disso, alguns componentes biológicos fundamentais relacionados à linguagem, em particular o sistema de *input-output* de aprendizagem e produção vocais que faz parte do sistema que chamaremos de "externalização", foram esclarecidos em termos biológicos e genéticos, tanto que podemos usar de maneira eficiente uma estratégia de "dividir e conquistar" e deixar esse aspecto sensório-motor de externalização de lado enquanto damos atenção a propriedades mais centrais da linguagem.

Ao mesmo tempo que muita coisa deve permanecer incerta apenas porque não temos a evidência necessária, desenvolvimentos na teoria linguística ao longo das últimas duas décadas esclareceram em grande medida alguns aspectos acerca da origem da linguagem. Em particular, temos agora boas razões para acreditar que um componente-chave da linguagem humana – o motor básico que coordena a sintaxe – é muito mais simples do que a maioria teria pensado apenas algumas décadas atrás. Esse é um resultado muito bem-vindo tanto para a Biologia Evolutiva como para a Linguística. Os biólogos sabem muito bem que, quanto mais meticulosa for a definição do "fenótipo" (a "forma externa", literalmente), melhor será nossa compreensão biológica sobre

Por que apenas nós?

como esse fenótipo poderia ter evoluído – e, da mesma forma, menor será a distância entre nós e outras espécies que não têm linguagem. Com esse fenótipo mais bem definido em mãos, podemos começar a resolver o dilema que atormentou a explicação darwiniana sobre a evolução da linguagem desde o início. Em vários lugares isso é chamado de "problema de Darwin" ou, de modo mais apropriado, "problema de Wallace" – em referência ao codescobridor da evolução pela seleção natural, Alfred Russel Wallace. Wallace foi o primeiro a chamar a atenção para as dificuldades de qualquer tratamento darwinista e adaptacionista convencional acerca da linguagem humana, uma vez que ele não conseguia perceber nenhuma função biológica que já não pudesse ser satisfeita por uma espécie sem linguagem.[1]

De fato, a linguagem representa um grande desafio para a explicação por meios evolucionistas. Por um lado, o pensamento darwiniano comumente está relacionado à descendência gradual a partir de um antepassado, por uma série de pequenas modificações. Por outro lado, como nenhum outro animal tem linguagem, parece tratar-se de um salto biológico, violando o princípio de Lineu e de Darwin, *natura non facit saltum*: "Pois a seleção natural só pode agir se aproveitando de pequenas variações sucessivas; ela nunca pode dar um salto, mas deve avançar pelos passos mais curtos e mais lentos" (Darwin, 1859, p.194). Acreditamos firmemente que essa tensão entre continuidade darwiniana e

---

1 Cf. Chomsky (2010), que primeiro formulou a pergunta sobre o dilema de Wallace a respeito da evolução da língua e da mente. Cf. Hornstein (2009) sobre o "Problema de Darwin". O ensaio de Wallace (1869) é geralmente considerado um dos primeiros textos dele publicados sobre essa dificuldade. Esse trabalho sugere que a resolução do problema seja não manter a origem da linguagem e da mente dentro do domínio do darwinismo biológico convencional (embora Wallace vislumbrasse uma solução transdarwiniana para o problema). Essa parte é destacada por Bickerton (2014) – o Capítulo 1 do livro é intitulado "O problema de Wallace".

mudança pode ser resolvida. Esse é um dos principais objetivos destes ensaios.

E quanto a Darwin? Nunca se desviando de seus fortes princípios de continuidade e mudança evolutiva infinitesimal, em seu livro *A descendência do homem* (1871), o próprio Darwin desenvolveu uma teoria para a evolução da linguagem *à la* Caruso: machos que conseguiam cantar melhor eram selecionados sexualmente pelas fêmeas. Isso, por sua vez, levou à perfeição do aparelho vocal como a cauda do pavão. O desenvolvimento da competência vocal andou em paralelo com um aumento geral do tamanho do cérebro, e isso, por sua vez, levou ao desenvolvimento da linguagem – linguagem usada para o pensamento mental interno:

> À medida que a voz era cada vez mais utilizada, os órgãos vocais teriam sido fortalecidos e aperfeiçoados através do princípio dos efeitos herdados do uso; e isso teria reagido sobre o poder da fala. Mas a relação entre o uso continuado da linguagem e o desenvolvimento do cérebro sem dúvida é bem mais importante. Os poderes mentais de algum progenitor anterior do homem devem ter sido mais altamente desenvolvidos do que em qualquer macaco existente, antes mesmo de qualquer forma mais imperfeita de fala ter entrado em uso. Contudo, podemos acreditar com confiança que o uso continuado e o avanço desse poder teriam reagido na mente por permitir-lhe e encorajá-la a desenvolver longas linhas de pensamento. Uma longa e complexa linha de pensamento já não podia mais ser levada a cabo sem a ajuda de palavras, fossem pronunciadas ou silenciosas, assim como um cálculo longo não pode ser levado a cabo sem o uso de algarismos ou de álgebra. (Darwin, 1871, p.57)

A teoria Caruso de Darwin recentemente passou por um tipo de reflorescimento. Na verdade, um de nós (Berwick) desenvolveu uma versão atualizada dessa teoria na primeira conferência "Evolang", em 1996 em Edimburgo, fundamentando-se na moderna teoria linguística da estrutura métrica.[2] Em tempos mais recentes, talvez, ninguém fez mais para defender uma versão da teoria darwiniana de "protolinguagem musical" do que Fitch (2010). Como ele observa, a teoria de Darwin foi, em muitos aspectos, notavelmente presciente e moderna. Compartilhamos a visão de Darwin expressa na passagem citada antes, de que a linguagem está intimamente ligada ao pensamento, uma "ferramenta mental interna", nas palavras do paleoneurologista Harry Jerison (1973, p.55). No Capítulo 3, fornecemos uma evidência linguística empírica para essa posição.

Contrariando certos pontos de vista, a discussão sobre a evolução da linguagem como o "problema de Darwin" não era considerado um tema tabu até seu "ressurgimento" na década de 1990 – como um parente excêntrico que tivesse sido esquecido por trinta anos em um sótão. Pelo contrário, era um assunto de intenso interesse em Cambridge, Massachusetts, durante os anos 1950 e 1960 e, em seguida, durante toda a década de 1970. Esse profundo interesse se reflete diretamente no prefácio de Eric Lenneberg, em setembro de 1966, de seu *Biological Foundations of Language* [Fundamentos biológicos da linguagem] (1967, p.viii), em que ele admite sua dívida "nos últimos quinze anos" a uma lista de nomes famosos e familiares: Roger Brown, Jerome Bruner, George Miller, Hans Teuber, Philip Liberman, Ernst Mayr, Charles Gross – e também Noam Chomsky. Em nossa opinião, o livro de Lenneberg continua muito pertinente – em particular seu Capítulo 6, "A linguagem à luz da evolução e da genética", ainda permanece como um modelo de pensamento evolutivo sutil, assim como seu trabalho anterior (Lenneberg, 1967). Em certo sentido, nossos ensaios atualizam o que Lenneberg já havia escrito.

Pelo que entendemos dessa história, foi Lenneberg quem antecipadamente propôs a coleta longitudinal de fala dirigida à

---

2 Para uma versão atualizada, cf. Berwick (2011).

criança; quem descobriu a invenção espontânea da linguagem gestual como uma linguagem humana completa (em Watertown, Massachusetts, Escola Perkins para Surdos); quem descobriu que a aquisição da linguagem ainda podia ter êxito, a despeito de graves patologias; quem apresentou a evidência para um período crítico de aquisição de linguagem; quem percebeu dissociações entre a sintaxe e outras faculdades cognitivas; quem cunhou um termo moderno como "cérebro pronto para linguagem" (*language--ready brain*); quem utilizou análise de pedigree de famílias com deficiência de linguagem, ecoando os dados do gene *FOXP2* para fornecer evidências de que a linguagem tem um componente genético; e foi ele quem observou que "não há necessidade de conceber 'genes para a linguagem'" (Lenneberg, 1967, p.265).

Lenneberg também contrastou abordagens contínuas *versus* abordagens descontínuas para o estudo da evolução da linguagem, defendendo a posição descontínua – apoiada em parte por evidências-chave como a aparente uniformidade da faculdade de linguagem: "A capacidade de linguagem idêntica entre todas as raças sugere que esse fenômeno deve ter existido antes da diversificação racial" (Lenneberg, 1967, p.266).

Na verdade, então, sempre houve um interesse constante na questão da evolução da linguagem. Com certeza, nas décadas de 1950 e 1960 não se poderia ter dito muito mais sobre a evolução da linguagem além do que Lenneberg escreveu. As gramáticas gerativas típicas da época consistiam em muitas regras complexas, ordenadas e transformacionais. Uma olhada no apêndice II do livro *Estruturas sintáticas*, de Chomsky (1957), com suas 26 regras altamente detalhadas para um fragmento do inglês, revela essa complexidade. No entanto, o interesse pela evolução da linguagem não diminuiu e, de tempos em tempos, aconteceram grandes conferências sobre o tema – por exemplo, uma conferência internacional em 1975 na Academia de Ciências de Nova York (Harnad; Steklis; Lancaster, 1976). Naquela época, a partir de meados da década de 1960, entendia-se que, embora sistemas complexos de regra que variassem radicalmente de uma língua a outra pudessem satisfazer as exigências de uma descrição adequada para cada língua de maneira específica, elas faziam com que a rápida aquisição da linguagem (não importando que língua fosse) se tornasse um mistério total. Percebeu-se que parte desse mistério poderia ser desfeito se fossem descobertas restrições sobre o sistema biológico de aquisição de linguagem – restrições à gramática universal (GU), a teoria do componente genético da faculdade de linguagem.[3] Na conferência da Academia de Nova York de 1975 sobre a evolução da linguagem, um de nós (Chomsky) observou, assim como no início deste capítulo, que parecia haver restrições que restringiam o "fenótipo" da linguagem, reduzindo assim o objeto da evolução. Por exemplo, as regras linguísticas são muitas vezes restritas a domínios particulares, de modo que se pode dizer *Quem a Maria acreditava que o João queria ver?*, em que *Quem* é interpretado como o objeto do verbo *ver*, mas isso se torna impossível quando *Quem* estiver subordinada dentro de um sintagma nominal, como em *Quem a Maria acreditou na história que o João viu?* (Chomsky, 1976, p.50). (Veja também o Capítulo 4). Tal como Chomsky concluiu aquela apresentação: "Há todas as razões para supormos que esse órgão mental, a linguagem humana, se desenvolve de acordo com suas características geneticamente determinadas, com algumas pequenas modificações entre uma língua ou outra" (Chomsky, 1976, p.56). Questões como essas apareceram assim que se fi-

---

3 A GU não deve ser confundida com os chamados "universais linguísticos" – observações que valem de maneira generalizada para a linguagem, como os universais de Greenberg (o sujeito, o verbo e o objeto aparecem com certos ordenamentos nas línguas do mundo, por exemplo). Os universais linguísticos podem fornecer dados extremamente valiosos sobre a linguagem humana. No entanto, como muitas vezes é o caso com generalizações sobre fenômenos de superfície, eles têm exceções. As próprias exceções podem ser bastante úteis como um guia para a pesquisa, como acontece nas ciências em geral.

zeram esforços para construir uma gramática gerativa, ainda que para uma única língua.

Durante os dez anos seguintes, o ritmo das descobertas desse tipo se acelerou, e uma série substancial de restrições sistemáticas sobre a GU foi acumulada e passou a ser conhecida como o modelo de "Princípios e Parâmetros" (P&P). Nesse modelo, as regras transformacionais detalhadas de *Estruturas sintáticas* – a regra da passiva, por exemplo, que alterava a função dos sintagmas nominais (de objeto para sujeito) em inglês, ou então a regra que movia palavras como *quem* para o início de frases interrogativas – foram combinadas como parte de uma única operação: Mova qualquer sintagma (ou "Mova alfa"), junto a um conjunto de restrições que eliminou movimentos ilícitos, como uma forma mais geral da restrição descrita no parágrafo anterior para *palavras-qu* como *quem, qual* ou *que*. Tudo isso foi parametrizado através de um conjunto finito de perturbações permitidas que captavam diferenças entre as línguas – por exemplo, que o japonês é uma língua SOV, ao passo que o inglês e o francês são línguas SVO. A teoria linguística assumiu um aspecto de tabela periódica, com átomos se combinando em possíveis moléculas, como observado, por exemplo, no livro de Mark Baker (2002).

Por volta dos anos 1990, com o modelo de Princípios e Parâmetros dando conta de ampla gama de variação entre as línguas, tornou-se possível, pela primeira vez, olhar para trás e ver se dava para reduzir tanto as regras como as restrições ao menor conjunto que pudesse ser independentemente motivado, por princípios de computação ótima ou mais eficiente, por exemplo. Essa busca do sistema *mais simples* ou *mínimo* para a linguagem humana levou a uma considerável simplificação – um fenótipo de linguagem mais específico.

Como podemos caracterizar esse fenótipo mais específico? Os últimos sessenta anos de pesquisa sobre a gramática gerativa descobriram vários princípios básicos, em grande parte não controversos, sobre a linguagem humana. A estrutura sintática

Por que apenas nós?

da linguagem humana tem pelo menos três propriedades-chave, todas capturadas por pressupostos do sistema minimalista: (1) a sintaxe da linguagem humana é hierárquica e cega com relação às considerações de ordem linear, com restrições de ordem linear reservadas para a externalização; (2) as estruturas hierárquicas particulares associadas às sentenças afetam sua interpretação; e (3) não há limite superior na profundidade da estrutura hierárquica relevante. Observe que, se tudo isso for verdade, então a observação (1) implica que qualquer teoria linguística adequada deve ter *algum* modo de construir matrizes de expressões hierarquicamente estruturadas, ignorando a ordem linear, ao passo que (2) implica que a estrutura (em parte) fixa a interpretação no nível de "significado". Por fim, (3) implica que essas expressões são potencialmente infinitas. Essas, então, são as propriedades mínimas que qualquer teoria sintática adequada deve possuir e é por isso que elas fazem parte do aparato minimalista.

Para ver como essas propriedades realmente valem para a linguagem, considere um exemplo simples que usaremos mais adiante, nos Capítulos 3 e 4: o contraste entre *aves que voam instintivamente nadam* e *instintivamente aves que voam nadam*. A primeira dessas duas frases é ambígua. O advérbio *instintivamente* pode modificar tanto *voar* como *nadar*. Ou seja: aves voam instintivamente ou elas nadam instintivamente. Vejamos a segunda frase: ao colocarmos o advérbio *instintivamente* na frente, mudamos o jogo. Em *instintivamente aves que voam nadam*, o advérbio agora só pode modificar a forma verbal *nadam*. Não pode modificar *voam*. Isso parece algo um tanto misterioso. Afinal, *instintivamente* está mais próximo da forma verbal *voam* do que de *nadam*, em termos de número de palavras. Há apenas duas palavras entre *instintivamente* e *voam*, mas três palavras entre *instintivamente* e *nadam*. No entanto, as pessoas não associam *instintivamente* com a palavra mais próxima, *voam*. Em vez disso, elas associam *instintivamente* à palavra mais distante, *nadam*. A razão disso é que *instintivamente* está,

17

na verdade, mais perto de *nadam* do que de *voam* em termos de distância estrutural. A forma verbal *nadam* está encaixada em apenas um nível abaixo de *instintivamente*, ao passo que *voam* está encaixada em um nível abaixo desse ainda (veja a Figura 4.1, no Capítulo 4). Ao que parece, não é a distância linear que interessa para a sintaxe humana, apenas a distância estrutural.

As propriedades hierárquicas não apenas dominam as dependências da sintaxe humana. Elas também não apresentam um limite superior real, embora, é claro, a dificuldade de processamento possa aumentar em um exemplo como *intuitivamente as pessoas sabem que instintivamente as aves que voam nadam*. Se alguém concorda com a tese de Church-Turing, junto à suposição de que o cérebro é finito, então não há outra saída: *precisamos* de alguma noção de recursividade para descrever de forma adequada tais fenômenos. Isso é incontroverso. Juntas, essas três propriedades estabelecem os requisitos mínimos para uma teoria adequada da sintaxe da linguagem humana.

No entanto, a discussão contemporânea da neurociência primata às vezes tem negado explícita e firmemente cada uma dessas três afirmações, argumentando que apenas restrições sensíveis à ordem linear são necessárias e que, além disso, não é preciso apelar a restrições hierárquicas ou a uma noção de recursividade. Essa posição tem fortes consequências tanto para a pesquisa de linguagem neurobiológica como para a modelagem evolutiva. Mas ela está incorreta.

Por exemplo, Bornkessel-Schlesewsky e colegas (Bornkessel-Schlesewsky et al., 2015) defendem uma continuidade entre humanos e outros primatas com a seguinte base:

> Não concordamos com a noção [...] de que um mecanismo computacional mais elaborado e qualitativamente distinto (isto é, infinitude discreta produzida pela recursividade) é necessária para a linguagem humana. [...] A capacidade de combinar dois elementos A e B de uma maneira sensível à ordem para produzir

a sequência AB forma a base computacional para a capacidade de processamento [...] na linguagem humana" (2015, p.146).

Eles tiram uma conclusão evolutiva potencialmente crítica: "há evidências convincentes para sugerir que a arquitetura computacional do primata não humano [...] é qualitativamente suficiente para realizar a computação necessária" (Bornkessel-Schlesewsky et al., 2015, p.143). Se isso for verdade, trará consequências evolutivas profundas. Em seguida, "os pré-requisitos biológicos computacionais básicos para a linguagem humana, incluindo o processamento da frase e do discurso, já estão presentes em primatas não humanos" (2015, p.148).

Contudo, como acabamos de ver, as afirmações de Bornkessel-Schlesewsky estão simplesmente erradas. O processamento linear nem se aproxima de ser adequado para a linguagem humana. Isso significa que os mecanismos primatas identificados por Bornkessel-Shlesewsky et al. são *em princípio insuficientes* para explicar o que em geral encontramos na linguagem humana. E, se isso estiver correto, o cérebro primata não humano torna-se um fraco candidato para a modelagem de aspectos da linguagem humana.

Vamos recapitular então o que nossa análise minimalista nos diz. No melhor dos casos, resta uma única operação para construir a estrutura hierárquica necessária para a sintaxe da linguagem humana, *Merge*. Essa operação pega quaisquer dois elementos sintáticos e os combina em uma expressão nova, hierarquicamente maior.

Em seus termos mais simples, *Merge* é apenas uma operação que forma conjuntos. Dado um objeto sintático X (um átomo sintático como uma palavra ou algo que já seja um produto de *Merge*) e outro objeto sintático Y, *Merge* forma um novo objeto hierarquicamente estruturado, o conjunto $\{X, Y\}$. Esse novo objeto sintático recebe também um rótulo, de algum algoritmo que satisfaz a condição de computação mínima. Por exemplo, dados os átomos *ler* e *livros*, a operação *Merge* os combina para formar {*ler*, *livros*}, e o resultado é rotulado através da pesquisa mínima, que localiza os traços do "núcleo" da combinação, nesse caso, os traços do elemento verbal *ler*. Isso está de acordo com a noção tradicional de que a estrutura constituinte de *ler livros* é um "sintagma verbal". Essa nova expressão sintática pode então entrar em outras computações, capturando o que chamamos antes de Propriedade Básica da linguagem humana.

Mais sobre essa abordagem pode ser encontrado nos próximos capítulos, mas, por enquanto, deve ficar claro que considerar o fenótipo assim de forma mais constrita alivia de forma considerável o peso explicativo que recai sobre a teoria evolutiva – simplesmente não temos tanto para explicar, reduzindo, assim, o paradoxo darwiniano. Esse refinamento recente e essa constrição do fenótipo da linguagem humana é a primeira motivação por trás desta coleção de ensaios.

A segunda motivação se baseia no fato de que nossa compreensão sobre a base biológica para a linguagem melhorou: agora podemos de fato usar uma estratégia de "dividir e conquistar" para escavar o difícil problema evolutivo da "linguagem", entre as três partes descritas pela Propriedade Básica: (1) um sistema computacional interno que constrói expressões hierarquicamente estruturadas com interpretações sistemáticas no nível das interfaces com outros dois sistemas internos, a saber: (2) um sistema sensório-motor para a externalização como produção ou *parsing* e (3) um sistema conceitual para inferência, interpretação, planejamento e organização da ação – o que informalmente é chamado de "pensamento". É importante notar que a externalização inclui muito mais do que apenas a aprendizagem e a produção vocal/motora. Ela abrange também aspectos da linguagem como a formação de palavras (morfologia) e sua relação com os sistemas de som da linguagem (fonologia e fonética); o reajuste na produção linguística para facilitar a carga da memória durante a produção; e a prosódia.

Contudo, mais importante do que isso, de nosso ponto de vista, é que, no caso da linguagem, parece que *qualquer* modalidade sensorial pode ser usada como *input* ou *output* – sons, sinais ou toque (felizmente, o cheiro parece estar ausente dessa lista). Repare que a própria estrutura hierárquica interna não carrega nenhuma informação sobre a *ordem* da esquerda para a direita de sintagmas, palavras ou outros elementos. Por exemplo, as possibilidades de combinação verbo-objeto ou objeto-verbo que distinguem o japonês do inglês e do francês nem sequer são representadas na estrutura hierárquica interna. Em vez disso, a ordem temporal sequencial da linguagem é imposta por exigências de externalização. Se a modalidade é auditiva, o *output* é conhecido como fala e inclui aprendizagem e produção vocais. Mas a modalidade de *output* também pode ser visual e motora, como em línguas gestuais.

Graças em parte aos estudos comparativos, neurofisiológicos e genéticos de aves canoras, a base biológica para a aprendizagem vocal está começando a ser compreendida como um sistema evolutivo convergente: algo evoluído de forma idêntica mas independente, tanto em aves quanto em nós. Pode até ser que a aprendizagem vocal – a capacidade de aprender sons distintivos e ordenados – tenha iniciado a partir de cem ou duzentos genes (Pfenning et al., 2014). A aprendizagem vocal, tanto em aves canoras quanto em mamíferos, também vem, aparentemente, com uma neurobiologia distintiva, projeções das regiões motoras do córtex vocal para os neurônios motores vocais do tronco cerebral, como aparece na parte de cima da Figura 1.1 Essas projeções diretas estão conspicuamente ausentes em aprendizes que não desenvolvem a capacidade vocal, como as galinhas e alguns macacos, como é mostrado na metade de baixo da Figura 1.1.[4]

---

4 A ideia de que essa distinção neurobiológica determina a diferença entre animais vocais e não vocais é geralmente chamada de hipótese de Kuypers--Jürgens, em homenagem aos trabalhos de Kuypers (1958) e Jürgens (2002).

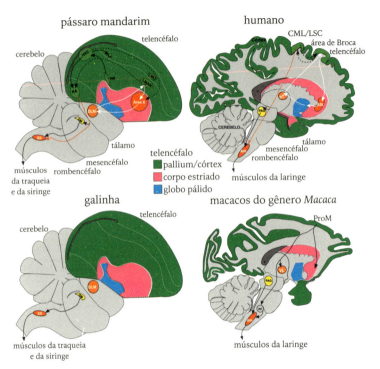

Figura 1.1 – Comparação de relações cerebrais, conectividade e tipos de células entre os aprendizes vocais e os aprendizes não vocais. Parte superior: apenas os aprendizes vocais (pássaros mandarins, humanos) têm uma projeção direta do córtex motor vocal para os neurônios motores vocais do tronco encefálico, conforme marcado pelas setas vermelhas. Abreviaturas: (mandarim) RA = núcleo robusto do arcopallium. (Humanos) CML = córtex motor laríngeo no giro precentral; LSC = córtex somatossensorial laríngeo. Parte inferior: aprendizes não vocais (galinhas, macacos do gênero *Macaca*) não têm essa projeção direta para os neurônios motores vocais. Adaptado de Pfenning et al. (2014), com permissão da AAAS.

Descobertas mais recentes (Comins; Gentner, 2015; Engresser et al., 2015) sugerem que essa habilidade de aprendizado vai além do simples sequenciamento. Comins e Gentner relatam que os estorninhos exibem capacidade para formação abstrata de categoria reminiscente de sistemas de som humanos, ao passo que Engresser e colegas afirmam ter encontrado uma espécie de pássaro, o *Pomatostomus ruficeps*, que apresenta "contrastes fonêmicos". Essa possibilidade específica da espécie foi antecipada por Coen (2006). Mais recentemente ainda, Takahashi et al. (2015) relataram que os saguis bebês "afinam" suas vocalizações de uma forma que se assemelha à maneira como as crianças afinam suas vozes, um processo que pode ser modelado tal como Coen havia imaginado. Berwick et al. (2011) já demonstraram que o sequenciamento linear restrito no canto dos pássaros se presta à aquisição a partir de um número computacionalmente tratável de exemplos positivos. Se tudo isso estiver correto, podemos deixar de lado esse aspecto do sistema de linguagem para a externalização e nos focar nos aspectos centrais restantes, especificamente humanos.

Por fim, apenas como uma pequena evidência neurológica que confirma nossa estratégia de "dividir e conquistar", existem ainda resultados experimentais magnetoencefalográficos (MEG) recentes sobre a atividade cortical dinâmica trazidos à tona pelo grupo de pesquisa de David Poeppel, indicando que a sequencialidade hierárquica da estrutura da linguagem é dissociada da sequencialidade linear do fluxo de palavras (Ding et al., 2015). Teremos mais a dizer sobre a linguagem e o cérebro no Capítulo 4.

Voltando à nossa terceira motivação, pareceu-nos que as importantes ideias de Lenneberg sobre a Biologia e a natureza da evolução da linguagem estavam correndo o risco de ser perdidas. Por exemplo, ele apresentou uma discussão cuidadosa dos prós e contras de abordagens evolutivas de "continuidade" (como a de Darwin) *versus* abordagens de "descontinuidade" (como sua própria escolha). Isso pareceu particularmente pungente, dados os avanços recentes no pensamento evolucionista que têm esclarecido essas posições. Como qualquer área científica produtiva, a Biologia evolutiva moderna avançou desde que Darwin propôs sua ideia original sobre a evolução como uma mudança adaptável que resulta da seleção nos indivíduos.

Darwin realmente *fez* algumas coisas erradas. Talvez o equívoco mais conhecido seja aquele que foi consertado depois pela chamada *Síntese Moderna* – o casamento da evolução pela seleção natural com o mendelismo e sua herança genética, que remediava a falta de um bom modelo de herança e que acabou resultando na era genômica moderna da análise evolutiva. Darwin havia adotado a teoria hereditária (incorreta) de seu tempo, a teoria da "herança misturada". De acordo com essa teoria, se alguém plantasse flores vermelhas e as combinasse com flores brancas, as flores que nasceriam dessa combinação teriam uma cor que resultasse dessa mistura: rosa. Essa teoria elimina a variação que alimenta a seleção natural – pense em sua experiência de infância de pegar um pincel molhado e deixá-lo correr para cima e para baixo por uma sequência de diferentes cores em uma paleta de aquarelas. O espectro de cores distintas, do roxo ao amarelo, acaba se transformando em um marrom enlameado. Mas se todos os descendentes têm esses mesmos traços marrons, não há nada para a seleção natural selecionar. Ninguém está acima da média nem abaixo da média; todos são iguais na peneira da seleção natural. Nenhuma variação, nenhuma seleção natural – e a maquinaria darwiniana entra em colapso no breve espaço de uma ou duas gerações. É preciso uma maneira de preservar a variação de geração em geração, mesmo que o cruzamento de flores vermelhas com brancas às vezes resulte em flores cor-de-rosa.

Foi Mendel quem descobriu a resposta: a herança funciona através de partículas discretas – os genes –, embora, é claro, não houvesse maneira de ele saber disso na época. Na primeira metade do século XX, foram os fundadores da Síntese Moderna – Sewall Wright, Ronald A. Fisher e J. B. S. Haldane – que mostraram como combinar a teoria de hereditariedade de Mendel com a teoria da evolução por seleção natural de Darwin de uma forma sistemática, desenvolvendo modelos matemáticos que demonstraram de modo explícito como a máquina darwiniana poderia operar de geração a geração para mudar a frequência de traços nas populações.

Contudo, Darwin também estava seriamente equivocado sobre sua suposição (em geral tácita) de que as populações biológicas são infinitas. De maneira semelhante, estava equivocado sobre sua hipótese de que, mesmo em populações infinitas, a evolução pela seleção natural é um processo puramente determinístico. *Todas* as engrenagens do motor evolutivo – aptidão, migração, fertilidade, acasalamento, desenvolvimento e outros – estão sujeitas aos indignos golpes de sorte biológicos. Muitas vezes a sobrevivência do mais apto se resume à sobrevivência daquele indivíduo que tem mais sorte – e isso afeta a ideia de a evolução ser ou não ser suavemente contínua, tal como Darwin imaginou. Entender esse fato requer uma análise matemática mais sutil e – de nosso ponto de vista – nenhum dos livros recentes sobre a evolução da linguagem parece ter entendido isso por completo. O próprio Darwin observou em sua autobiografia: "Meu poder de seguir uma linha de pensamento longa e puramente abstrata é muito limitado; por isso eu nunca poderia ter sido bem-sucedido na Metafísica ou na Matemática" (Darwin, 1887, p.140).

No restante deste capítulo, desenvolvemos essas duas últimas motivações em ordem inversa, começando com a teoria da evolução, e seguimos com a estratégia de "dividir e conquistar", olhando também para a evolução e para a genética. Deixamos mais detalhes sobre o Programa Minimalista e sobre a Tese Minimalista Forte para os Capítulos 2 e 3.

A evolução da Teoria da Evolução

Para início de conversa, o que há de tão diferente na teoria contemporânea da evolução e nas teorias sobre a evolução da linguagem? Podemos começar com o cenário histórico da década de

1930, que representa o auge da Síntese Moderna, como dissemos antes. A maioria dos pesquisadores contemporâneos que publicou sobre o tema da evolução da linguagem parece gostar da história dos problemas de Darwin com a herança, junto com sua resolução pela Síntese Moderna. Alguns até mesmo apontam alguns dos efeitos simples do tamanho populacional finito na mudança evolutiva. Por exemplo, os efeitos de amostragem em pequenas populações, às vezes chamado de "deriva genética", podem levar à perda de traços vantajosos na população (sua frequência vai a 0 na população), uma terrível má sorte, ou então à fixação de traços não vantajosos (sua frequência vai a 1). Não é difícil ver por quê. Podemos prosseguir como Sewall Wright e Ronald Fisher: enxergar uma população biológica como uma coleção finita de bolinhas de gude coloridas que estão dentro de um frasco, cada bolinha sendo um indivíduo ou uma variante de um gene – digamos 80% brancas e 20% vermelhas. O tamanho da população é fixo – não há seleção, mutação ou migração para alterar as frequências de cores das bolinhas. Agora simulamos a geração de uma pequena população, de tamanho 5. Fazemos isso escolhendo aleatoriamente bolinhas de gude do frasco, observando sua cor e, em seguida, colocando-a de volta no frasco até que tenhamos selecionado cinco bolinhas. As cores das cinco bolinhas selecionadas constituem a descrição dessa nova geração. Ela será nossa prole da primeira geração. Em seguida, repetimos o processo, cuidando para que nossa segunda rodada reflita quaisquer mudanças de frequência que porventura tenham ocorrido. Assim, por exemplo, podemos acabar com quatro bolinhas brancas e uma vermelha – isso se iguala à frequência de bolinhas brancas e vermelhas que tínhamos lá no começo. Entretanto, também podemos terminar com, digamos, três bolinhas de gude brancas e duas vermelhas, ou seja, 60% brancas e 40% vermelhas. Nesse caso, para a segunda geração teríamos uma chance de 2/5 de selecionar uma bolinha vermelha. E assim o jogo continua, eternamente.

É bem claro que existe uma chance real de que possamos não selecionar nenhuma bolinha vermelha; assim, o vermelho será extinto – uma vez que não existam bolinhas vermelhas no frasco, não há como elas reaparecerem por milagre (a menos que consideremos alguma maneira de as bolinhas brancas sofrerem mutações e se transformarem em vermelhas). No início, cada vez que tiramos bolinhas do frasco, em média as vermelhas têm uma chance de $1/5 = 20\%$ de ser selecionadas, assim como qualquer outro "indivíduo" na população. Portanto, a probabilidade de que as bolinhas vermelhas *não* sejam selecionadas em qualquer sorteio é, em média, apenas um menos essa probabilidade, ou $1- 1/5 = 4/5$. A probabilidade de que as bolinhas vermelhas não sejam selecionadas após dois empates é apenas o produto de não selecioná-las duas vezes, $4/5 \times 4/5$, ou $16/25$. E assim por diante. Em média, a probabilidade na primeira geração de não selecionarmos bolinhas vermelhas cinco vezes é $(4/5)$,[5] ou cerca de $0,328$. Assim, em quase um terço do tempo, as bolinhas vermelhas podem ser "perdidas", e a frequência de bolinhas dessa cor cairia de 20% para 0. Da mesma forma, se escolhermos bolinhas vermelhas cinco vezes seguidas, a frequência de 80% das bolinhas brancas cairia para 0 – isso aconteceria em média em $(1/5)^6 = 0,032\%$ do tempo na primeira geração, muito menos provável do que a possibilidade de perdermos as bolinhas vermelhas de maneira definitiva. Dessa forma, a frequência da mistura de bolinhas de gude brancas e vermelhas iria variar entre 0 e 1 de geração em geração, sem seguir qualquer direção particular – daí o termo "deriva genética".

---

5 Em particular, essa mudança foi uma *inversão* de 900 quilobases de comprimento de um DNA no longo braço do cromossomo 17. (O segundo cromossomo 17 que essas mulheres tinham era normal; por isso, as mulheres eram *heterozigotas* para essa inversão.) Ou seja, ao invés de encontrarmos o DNA em sua direção normal, aqui, nesse trecho, ele era invertido. As mulheres que tinham duas cópias normais do cromossomo 17 (*homozigóticas* para o estado não invertido, portanto) não tiveram esse aumento no número de crianças.

6 Cf. nota anterior.

Na verdade, não é difícil mostrar que, nesse cenário simples, dada a deriva genética, qualquer cor particular sempre acabará sendo extinta ou mantida. Para visualizar melhor, podemos pensar na "deriva genética" usando outra comparação: "a caminhada de bêbado". Um bêbado sai cambaleando de seu bar preferido, dando passos aleatórios em apenas uma das duas direções: para a frente ou para trás. Essa é uma caminhada aleatória em uma dimensão. Aonde o bêbado vai com o passar do tempo? Intuitivamente, uma vez que o bêbado começa a cambalear logo que sai do bar, ou seja, a apenas um passo do bar, parece que ele pode sempre voltar para seu ponto de partida. Contudo, essa intuição de que a caminhada com passos aleatórios acabe sempre parando em torno de seu ponto de partida está equivocada. Na verdade, uma caminhada com passos aleatórios sempre vai a algum lugar – a distância do ponto de partida aumenta como a raiz quadrada do tempo, que é o número de passos (Rice, 2004, p.76). Se reformularmos esses passos como sendo as frequências de traço ou de gene entre 0 e 1, então em 50% do tempo o bêbado atingirá 1, em média – caso em que o traço ou gene se fixa na população e permanece assim – e, em média, em 50% do tempo o bêbado atingirá 0 – caso em que o traço se extingue e permanece igual a 0. Os líderes da Síntese Moderna desenvolveram modelos estatísticos para demonstrar e prever esses efeitos matematicamente, pelo menos em parte.

No entanto, salvo melhor juízo, apesar de aceitar a Síntese Moderna, nenhum autor contemporâneo que escreveu recentemente sobre a evolução da linguagem humana parece ter compreendido de forma adequada a mudança do darwinismo convencional para sua versão moderna *completamente* estocástica – de maneira mais específica, que há efeitos estocásticos não só em razão da amostragem (como deriva), mas também por causa da variação estocástica *direta* na aptidão, na migração, na hereditariedade e em todas as "forças" que afetam as frequências individuais ou gênicas. A aptidão *não é* um "ácido algorítmico universal" todo-poderoso como alguns consideram. A contingência e o acaso desempenham um grande papel. O espaço para possibilidades é tão vasto que muitas "soluções" são inatingíveis via evolução por seleção natural, apesar da infinitude do tempo e dos bilhões de organismos à sua disposição. Resultados formais que comprovam esse tipo de afirmação foram recentemente apresentados por Chatterjee et al. (2014). Eles mostraram que, em geral, o tempo necessário para a adaptação será exponencial na medida do comprimento da sequência genômica – ou seja, tempo insuficiente, mesmo em uma escala de tempo geológico. (O "poder de processamento paralelo" às vezes atribuído à evolução pela seleção natural, porque muitos organismos estão em jogo, torna-se uma quimera.)

Vejamos, com um exemplo do mundo real, como funciona o efeito estocástico. Steffanson et al. (2005) descobriram uma determinada ruptura, em grande escala, no cromossomo humano 17.[7] Mulheres islandesas que apresentam essa modificação em um cromossomo têm uma prole cerca de 10% maior (0,0907) do que as mulheres islandesas que não apresentam essa modificação. Chamemos esses dois grupos de C+ (o grupo com mudança cromossômica) e C (sem alteração). De acordo com a terminologia darwiniana usual, dizemos que as mulheres C+ são 10% mais "aptas" do que as mulheres C, ou que as mulheres C+ têm uma *vantagem seletiva* de 0,10. Em outras palavras, para cada criança nascida de uma mulher C, uma mulher C+ tem 1,1 filhos. (Usamos aspas em "aptas" por uma boa razão.)[8]

---

7 Cf. nota 5 deste capítulo.

8 Não é simples definir "aptidão". E equiparar a aptidão darwiniana a uma definição de "taxas reprodutivas" apresenta muitas dificuldades; por isso, usamos as aspas. Cf. Ariew & Lewontin (2004) para mais detalhes. Os autores do estudo islandês presumiram que todos os descendentes tinham a mesma chance de alcançar a maturidade e de se reproduzirem, não importando quem fosse sua mãe.

Agora, de tudo o que sabemos sobre a reprodução humana, não é difícil entender que, na realidade, nenhuma das mulheres C + poderia de fato ter 1,1 crianças mais do que uma mulher C. Isso seria particularmente salomônico. Na realidade, todas as mulheres que os pesquisadores estudaram (16.959 mulheres) tiveram zero, um, dois, três, quatro ou cinco filhos (2.657 mulheres tiveram cinco filhos ou mais). Portanto, *em média* as mulheres C+ tiveram 10% mais crianças do que as mulheres C – algumas das mulheres C+, supostamente "mais aptas", não tiveram nenhum filho (764 delas). E este é o ponto crucial aqui: qualquer indivíduo particular (ou um gene) pode ser 10% "mais apto" do que a população em geral e, ainda assim, não deixar qualquer descendência (ou cópias de genes). Na verdade, em nosso exemplo, 764 mulheres "mais aptas" tiveram, de fato, *zero* em aptidão. Portanto, a aptidão é – e deve ser – uma variável aleatória; ela mantém uma média e uma variação nessa média, ou seja, uma distribuição de probabilidade. Então, a própria aptidão é estocástica – assim como a deriva genética (e a migração, a mutação etc.). Ao contrário da deriva genética, contudo, a aptidão – ou vantagem seletiva – tem uma direção definida; ela não perambula por aí como um bêbado.

Tudo isso pode afetar os resultados evolutivos – resultados que, como podemos constatar, não foram publicados em livros recentes sobre a evolução da linguagem, mas que devem aparecer logo no caso de qualquer inovação genética ou individual, justamente o tipo de cenário que pode desempenhar um papel importante quando falamos a respeito do surgimento da linguagem, quando pequenos grupos e uma reduzida população reprodutora devem ter sido comuns. Claro, se os modelos forem suficientemente bem especificados para refletir esse nível de detalhe.

Além disso, alguém poderia afirmar que aptidão e evolução darwiniana dizem respeito a *médias da população* e não a indivíduos – o que importa e o que muda durante a evolução são as frequências entre o mais apto *versus* o menos apto, e não o que acontece a alguma mulher específica. Isso está correto até certo ponto, mas não se aplica quando o número de indivíduos (ou cópias de genes) é muito pequeno, ou seja, não se aplica justo na situação em que se considera o surgimento de qualquer característica genuinamente nova.

Como assim? Se pegarmos uma distribuição de probabilidade comumente usada para modelar situações como essa, então *um único indivíduo* (ou gene) com uma vantagem de 10% de aptidão tem a probabilidade (surpreendentemente grande) de mais de um terço de ser perdido em apenas uma geração (aproximadamente 0,33287).[9] E isso com uma vantagem bem grande de aptidão, talvez uma ou duas vezes mais do que normalmente encontrado em trabalhos de campo. Além disso, se um único indivíduo ou gene *não tiver nenhuma vantagem seletiva* – ou seja, é neutro, com uma aptidão igual a 1 –, então, como se poderia esperar, sua chance de ser perdido em uma geração realmente aumenta em comparação com seu parente mais apto. No entanto, o aumento é sutil: a chance de perda total sobe de 0,33 para cerca de 0,367, apenas 2% ou 3%. Então, ao contrário do que se poderia esperar (e ao contrário do que todos os livros sobre a evolução da linguagem

---

9 Por exemplo, pode-se supor que o número de descendentes de qualquer indivíduo com o gene "mais adequado" tenha uma distribuição de Poisson com uma média de $1 + s/2$, onde s é a vantagem de aptidão mencionada no texto. Então, o número de descendentes poderia ser 0, 1 ... ∞. Então, a probabilidade de que exista exatamente uma descendência i é $e^{-\mu}\mu^i/i!$, onde e é o número de Euler, a base para os logaritmos naturais. Se assumirmos uma vantagem de 0,2, a média de Poisson correspondente seria, portanto, $1 + 0,1$. A probabilidade de que esse gene mais adequado tivesse 0 descendentes em qualquer geração particular seria $e^{-1,1}1/1$, ou aproximadamente 0,33287, mais de 1/3. Repare que um gene completamente neutro, sem qualquer vantagem seletiva, teria uma probabilidade que não é sensivelmente maior do que esta de $1/e$, ou 0,36787 (cf. Gillespie, 2004, p.91-4, para mais discussões sobre esse ponto importante). Um dos fundadores da Síntese Moderna, Haldane (1927) foi um dos primeiros a considerar tais cálculos de "nascimento-morte".

descrevem), isso *não é* como a deriva genética. Em casos de deriva genética, quanto menor a população, maior a chance de perda ou ganho. O tamanho da população não desempenha qualquer papel na probabilidade de extinção ou sobrevivência no passar de uma geração; não quando estamos lidando com um número pequeno de cópias, de indivíduos ou de genes.

E por que esse resultado é importante? Sempre que uma nova variante de gene ou um indivíduo com uma nova variante aparece, em geral ele se encontra sozinho no mundo, ou talvez faça parte de um grupo com quatro ou cinco cópias (se essa nova característica aparece em todos os descendentes de um determinado indivíduo, graças a uma mutação). O tamanho da população não irá reger a trajetória inicial dessa inovação – contrariando, mais uma vez, o que encontramos na literatura contemporânea sobre a evolução da linguagem. Como diz Gillespie (2004, p.92):

> Acreditamos que o tamanho da população seja irrelevante com relação ao número de filhos produzidos pelo gene solitário [...] Quando o gene se torna mais comum e nosso interesse muda, do número de cópias para sua *frequência*, suas dinâmicas estocásticas podem ser definidas mais corretamente como sendo governadas pela deriva genética (grifo nosso).

Em suma, quando novas variantes de genes aparecem pela primeira vez, indivíduos com essas características novas devem primeiro sair de dentro de um "poço gravitacional estocástico" não regido pela seleção natural.

Uma vez que o número de tais indivíduos (ou de tais cópias de genes) atinge um determinado ponto crítico, dependendo da aptidão, a seleção natural assume o comando, e os 10% mais aptos se encontram no topo da montanha-russa darwiniana, às vezes se fixando e mantendo a frequência 1 na população. (Por que então as mulheres islandesas C+, mais aptas, não tomaram conta de toda a Islândia?)

E o que significa exatamente esse ponto crítico? Se uma nova característica, ou uma variante genética, tiver uma vantagem seletiva de 10%, para ter 99% de certeza de que esse "calouro" não será extinto – ou seja, fixar na frequência 1 ao invés de 0. Isso pode ser computado com cerca de 461 indivíduos. Um ponto importante: esse ponto crítico também é independente do tamanho da população. Gillespie (2004, p.95) afirma de maneira categórica: "Nas gerações iniciais, tudo o que importa é o número aleatório de descendentes. […] Não há lugar para N [o tamanho da população] quando modelamos o destino desses indivíduos".

Em suma, para ser um teórico evolutivo completamente moderno, é preciso de fato passar de uma "visão de gene" para uma "visão de apostador" – remetemos os leitores interessados em explorar esse tópico ao trabalho de Rice (2004), em especial os Capítulos 8 e 9, e Rice, Papadapoulos e Harting (2011). Qual é o resultado disso? Precisamos inserir, no quadro evolutivo, comportamento estocástico e biologia baseada no mundo real. E isso inclui taxas de migração estocástica (Ilha Ellis de ontem e de hoje); padrões estocásticos de herança (você não se parece nem um pouco com seus avós, afinal de contas); interações entre genes (não há um único "gene da linguagem"); e aptidão flutuante, sempre que a frequência sobe (alguém aí conhece excesso demográfico?). Se fizermos isso, então a visão simples de que a evolução adaptativa inexoravelmente escala por picos de aptidão desmorona. É difícil "satisfazer" ao mesmo tempo os efeitos de um sem-número de genes que interagem entre si; quanto mais ajustá-los conjuntamente em direção à aptidão ótima.

Alguns disseram que essas dificuldades encontradas pela seleção natural podem ser corrigidas com o uso da teoria dos jogos, aplicada a um contexto evolutivo – o que é chamado de "estratégia evolutiva estável" (cf. Maynard-Smith, 1982) – e que, além do mais, isso "resolveu" definitivamente o problema associado à maximização da aptidão multidimensional (cf. Fitch, 2010, p.54). Isso não está totalmente correto. Não houve tal resolução; pelo menos, não *ainda*. De fato, a teoria dos jogos tem um lugar muito importante no pensamento evolutivo moderno, porque ela foi projetada para considerar o que um indivíduo deveria fazer, dadas as ações ou estratégias de outros indivíduos. Como resultado, ela é particularmente útil no caso da seleção dependente de frequência, quando a aptidão muda de acordo com quantos outros indivíduos estão usando a mesma estratégia – por exemplo, se estão decidindo ter sua prole mais cedo na vida. Tais cenários multidimensionais dependentes da frequência são tipicamente muito difíceis de ser analisados de qualquer outra forma. Na verdade, parece-nos que os efeitos dependentes da frequência podem ser exatamente o que seria esperado no caso da evolução da linguagem humana, com uma interação dinâmica entre indivíduos com e sem linguagem. Precisamos dos modelos dinâmicos evolutivos de Nowak para a linguagem (2006).

Não seguimos aqui a linha de raciocínio dependente de frequência e da teoria dos jogos porque não temos certeza se os outros pressupostos que essa linha requer podem ser atendidos. A análise evolutiva baseada na teoria dos jogos não é a panaceia, como às vezes se acredita, apesar de sua aparência amplamente difundida em conferências da "Evolang". A análise baseada na teoria dos jogos funciona melhor quando as populações são muito grandes, em equilíbrio, sem mutação e quando não há recombinação sexual – ou seja, precisamente quando não temos de nos preocupar com efeitos estocásticos ou quando queremos saber como as populações conseguiram atingir o equilíbrio. Ou seja, contrariando as hipóteses geralmente aceitas de que o tamanho efetivo da população humana na época do surgimento da linguagem era pequeno e não estava em equilíbrio. Por fim, a abordagem baseada na teoria dos jogos muitas vezes se distancia dos *insights* que obtivemos do estudo da genética populacional e da evolução molecular – e isso é uma parte substancial do que aprendemos sobre a evolução na era genômica moderna e da grande parte dos novos dados que foram e ainda serão coletados.

Com certeza houve recentes progressos substanciais no casamento de modelos clássicos de genética populacional da Síntese Moderna com as análises baseadas na teoria dos jogos, tais como as desenvolvidas por pesquisadores como Martin Nowak, entre outros (Humplik; Hill; Nowak, 2014; McNamara, 2013). A teoria dos jogos continua sendo uma parte essencial do conjunto de ferramentas dos teóricos da evolução moderna, mas ela tem suas limitações, que ainda não foram totalmente resolvidas no contexto da evolução molecular. (Para mais discussões, veja Rice, 2004, cap.9; Rice; Papadapoulos; Harting, 2011.) Em suma, Eclesiastes 9,11 estava certo desde o começo:

> Voltei-me, e vi debaixo do sol que *não é* dos ligeiros a carreira, nem dos fortes a batalha, nem tampouco dos sábios o pão, nem tampouco dos prudentes as riquezas, nem tampouco dos entendidos o favor, mas que o tempo e a oportunidade ocorrem a todos.

Se essa conclusão estiver no caminho certo, precisamos então considerar esses efeitos estocásticos no que diz respeito à evolução da linguagem. De fato, esse elemento do acaso parece estar envolvido sempre que encontramos o surgimento de características genuinamente novas, como o olho, tal como Gehring (2011) argumenta e até mesmo como Darwin admitiu – um pouco a contragosto. Voltaremos a falar sobre o olho mais adiante. De modo mais geral, devemos entender que "adaptação não é seleção natural", como afirmou o teórico evolucionista H. Allen Orr (2005a, p.119). Por isso, precisamos ficar muito atentos sempre que encontrarmos essas duas noções distintas funcionando casualmente juntas.

Essa mudança do darwinismo determinista para sua versão estocástica é o resultado de uma compreensão matemática e biologicamente mais sofisticada da evolução e dos processos estocásticos desenvolvidos desde a publicação de *A origem das espécies* de Darwin, em 1859. Tal progresso é esperado em qualquer campo científico próspero – a evolução da própria teoria da evolução –, mas parece que muitos autores não se afastaram da visão original de Darwin de evolução como sendo unicamente uma seleção adaptativa em indivíduos. Já sabemos há algum tempo, tanto com base em pesquisa teórica como em pesquisa empírica, que as visões de Darwin e da Síntese Moderna nem sempre foram precisas – há ampla evidência empírica para sustentar isso (cf. Kimura, 1983; Orr, 1998, 2005a; Grant; Grant, 2014; Thompson, 2013). E não há necessidade de se rejeitar o darwinismo como um todo, evocar a transmissão viral, o fluxo genético horizontal em larga escala ou as macromutações milagrosas; nem mesmo incorporar ideias legítimas da Biologia Evolutiva do Desenvolvimento (a chamada "evo-devo").

Como, então, os organismos evoluem? É uma evolução que engatinha ou uma evolução que anda aos pulos, como vemos no famoso debate entre Stephen J. Gould e seus críticos? (cf. Turner, 1984; Gould; Rose, 2007). É de ambas as formas, obviamente. Às vezes, a mudança evolutiva adaptativa é, de fato, muito lenta e arrastada, operando ao longo de milhões de anos, bem de acordo com a visão darwiniana clássica. Entretanto, às vezes a mudança evolutiva, mesmo as mudanças comportamentais em larga escala, como as preferências alimentares das borboletas *Papilionidae* (cf. Thompson, 2013, p.65), podem ser relativamente rápidas, impressionantemente rápidas. Essa velocidade já foi atestada em centenas de espécies diferentes de todos os grandes grupos filogenéticos, como apontou há pouco o levantamento magistral de Thompson (2013).

Aqui não devemos turvar a água admitindo, como alguns, que o gradualismo infinitesimal darwiniano às vezes pega seu ritmo. Concordamos, mas a questão crucial é: "Qual é o ritmo das inovações evolutivas disponíveis?". Nosso ponto de vista abrange tanto as possibilidades de longo prazo – milhões de anos e centenas de milhares de gerações, como na aparente evolução de um conjunto de ferramentas para o aprendizado vocal presente em humanos e aves – como as de curto prazo – alguns milhares de anos e centenas de gerações (ou um milhar talvez), como no caso de adaptações relativamente recentes, como a capacidade tibetana de prosperar em altas altitudes onde há menos oxigênio, ou a capacidade de digerir lactose mesmo depois da infância (no caso de culturas que consomem laticínios, cf. Bersaglieri et al., 2004); ou ainda, nossa crença central: a capacidade inovadora de montar estruturas sintáticas hierárquicas.

Alguns desses traços ignoraram o longo caminho da lenta mudança genética, seguindo o conselho do biólogo Lynn Margulis: a maneira mais rápida de obter novos genes inovadores é comendo-os. Os tibetanos evidentemente ganharam, através de acasalamentos com nossos parentes denisovanos, um trecho de DNA regulatório que é parte da reação de nosso corpo à hipóxia. Assim, eles devoraram genes por hibridação introgressiva (cf. Huerta-Sánchez et al., 2014). Ao que parece, os seres humanos selecionaram vários traços adaptativos importantes dos neandertais e dos denisovanos para poderem sobreviver na Europa, incluindo aí mudanças no pigmento da pele, ajustes no sistema imunológico, entre outros (cf. Vernot; Akey, 2014). Uma vez comidos, os genes têm de provar seu poder seletivo, mas esse tipo de introgressão genética pode fazer alguém sair de um dos poços gravitacionais que mencionamos antes.

Se houver alguma dúvida de que esse tipo de contrabando para além dos portões darwinianos é importante, lembre-se de que foi Margulis quem defendeu a teoria (uma vez condenada, mas agora confirmada) de que os organismos adquiriam as organelas chamadas mitocôndrias, que agora dão energia a nossas células, apenas por meio desses "almoços gratuitos", alimentando-se de outra célula única via fagocitose (cf. Margulis, 1970). Essa versão mais antiga do *Almoço na relva*, de Manet, iniciou uma das oito "grandes transições nas evoluções", tal como chamadas pelos biólogos evolucionistas John Maynard Smith e Eörs Szathmáry (1995). Maynard Smith e Szathmáry destacam o ponto importante de que, dessas oito transições – desde a origem do DNA, passando pela sexualidade, até a origem da linguagem –, seis delas, incluindo a linguagem, parecem ter sido eventos evolutivos singulares confinados a uma única linhagem, com várias transições relativamente rápidas, tal como discutimos em linhas anteriores. Nada disso viola o darwinismo mais convencional.

Ou seja, mudanças genômicas/fenotípicas abruptas podem, de fato, acontecer, o que "muda o ponto de partida de onde a seleção age", como diz o biólogo Nick Lane (2015, p.3112). Aqui Lane está falando sobre a notável mudança (aparentemente única e abrupta) que temos da vida celular simples – os procariontes, com DNA circular, sem núcleo, sem sexo e, essencialmente, sem morte – para a verdadeira gastronomia que levou à vida celular complexa – os eucariotas, incluindo nós, com DNA linear, com mitocôndria, com um núcleo, com organelas complexas e, por fim, além de Woody Allen, com sexo, amor, morte e linguagem. Como diz Lane: "Não podemos confundir mudanças evolutivas abruptas com 'adaptação'" (2015, p.3113). Da perspectiva do tempo geológico, essas mudanças foram repentinas.

Tudo isso ressalta o papel do acaso, da contingência e do contexto físico-bioquímico na mudança evolutiva inovadora – a evolução pela seleção natural funciona de maneira cega, sem um "objetivo" específico de chegar à inteligência superior ou à linguagem. Alguns eventos acontecem apenas uma vez e não parecem ser repetíveis com facilidade – a origem de células com núcleos e mitocôndria, com sexo e muito mais. Outros biólogos evolucionistas concordam. Ernst Mayr, em um conhecido debate com Carl Sagan, afirmou que nossa própria inteligência e, por implicação, também nossa linguagem, provavelmente se enquadra nessa mesma categoria:

> Nada demonstra a improbabilidade da origem da inteligência superior melhor do que as milhões de [...] linhagens que falharam ao tentar conquistá-la. Existiram bilhões, talvez cerca de 50 bilhões,

de espécies desde a origem da vida. Apenas uma delas conquistou o tipo de inteligência necessária para estabelecer uma civilização. [...] Só consigo pensar em duas possíveis razões para essa raridade. Uma é que a inteligência superior simplesmente não é favorecida pela seleção natural, ao contrário do que seria de esperar. Na verdade, todos os outros tipos de organismos vivos, milhões de espécies, se dão muito bem sem ter inteligência superior. A outra razão possível para a raridade da inteligência é que é extraordinariamente difícil de adquiri-la [...] não de maneira surpreendente, já que os cérebros têm necessidades energéticas muito altas [...] um cérebro grande, que possibilite a inteligência superior, se desenvolveu em menos de 6% da vida na linhagem dos hominídeos. Parece que, para produzir inteligência superior, é preciso uma combinação complexa de circunstâncias raras e favoráveis. (Mayr, 1995)

É claro, dados os resultados de Chatterjee et al. (2014), agora compreendemos com mais precisão o sentido de que um traço pode ser "muito difícil de adquirir": pode ser computacionalmente intratável via seleção natural.

Considere ainda outro exemplo de mudança evolutiva rápida, que pode parecer mais concreto e sólido porque é bem recente e tem sido estudado em detalhes. Um dos estudos experimentais mais completos e com maior duração dentro da área de seleção natural é o estudo de quarenta anos de P. R. Grant e B. R. Grant. Eles acompanharam a evolução de duas espécies de tentilhões de Darwin na Ilha Daphne Major, em Galápagos, *Geospiza fortis* e *G. scandens* (Grant; Grant, 2014). Essa é uma análise evolutiva extremamente prática. E o que os Grants descobriram? Que a mudança evolutiva às vezes estava correlacionada com diferenças de aptidão, mas – da mesma forma – às vezes não estava. Como consequência, as diferenças de aptidão não podem prever resultados evolutivos. A seleção variou de episódica a gradual. Eventos singulares (como o aparecimento, na ilha, de uma nova espécie de pintassilgo, chamada de "Big Bird") levaram à hibridação com espécies de pintassilgos existentes e a surtos de mudanças evolutivas provocadas por eventos ambientais externos. Todas essas observações de campo dão testemunho ao que se poderia esperar que tenha acontecido no caso da evolução da linguagem humana. Como dissemos antes, a hibridização entre grupos de denisovanos e neandertais desempenhou seu papel na evolução humana adaptativa. Embora não tenhamos a intenção de sugerir que a linguagem tenha surgido dessa maneira – de fato, até agora isso parece ser especificamente descartado se seguirmos as evidências da introgressão genômica –, queremos alertar o leitor para o fato de que a evolução pode apelar tanto para a lebre como para a tartaruga.

Por que então a evolução darwiniana por seleção natural em geral é considerada um processo extremamente lento e gradual? Darwin incorporou ideias dos três influentes volumes do *Princípios de Geologia* (Lyell, 1830-3), enquanto esteve em sua viagem a bordo do *Beagle*, junto com sua ênfase no "uniformitarianismo" – isto é, forças no presente são como aquelas no passado, as montanhas sofrem lentos processos de erosão até virarem a areia, após éons geológicos. Darwin bebeu diretamente dos volumes do *Princípios de Geologia*. Assim como muitos teóricos da origem da linguagem. Armados com Darwin e Lyell, eles adotam uma forte ideia de continuidade: tal como o olho e todos os outros traços, a linguagem também *deve* ter evoluído por "numerosas, sucessivas e pequenas modificações" (Darwin, 1859, p.189). Mas será que é assim mesmo? Vejamos o que significa "sucessivas". Podemos fazer uma leitura em que "sucessivas" signifique simplesmente que os eventos evolutivos devem se seguir um após o outro no decorrer do tempo. Isso é sempre verdade; logo podemos, com segurança, retirar essa restrição do caminho.

Ainda temos "numerosas" e "pequenas". Logo após a publicação de *A origem das espécies*, Huxley, o "buldogue de Darwin", criticou ambos os termos, escrevendo a Darwin em 23 de novembro de 1859: "Você se colocou em uma posição de dificuldade desnecessária ao adotar o princípio *Natura non facit saltum* de maneira tão sem reservas" (Huxley, 1859). O próprio Darwin só conseguiu mostrar sua história de evolução do olho gradual em *A origem das espécies*, certo de que a seleção natural começaria a agir depois que um fotorreceptor e uma célula de pigmento tivessem evoluído para formar um protótipo de olho parcialmente funcional detectando a luz. Ele não tinha nenhuma explicação para a verdadeira origem da célula de pigmento e do fotorreceptor – e nem deveríamos esperar um esclarecimento.

Aqui a Biologia Molecular moderna fornece novos insights. O protótipo de olho de Darwin consistia em duas partes: uma célula sensível à luz (um "nervo") e uma célula de pigmento para sombrear a célula fotorreceptora: "Nos crinoides articulados, podemos iniciar uma série com um nervo óptico meramente revestido com pigmento" (Darwin, 1859, p.187). Mas Darwin não conseguiu encontrar uma maneira de pensar no que havia acontecido antes de chegar a esse ponto. No final, ele recorreu à mesma opção que usou para a origem da própria vida – relegou ao reino dos efeitos casuais, além do alcance explanatório de sua teoria: "Como um nervo passa a ser sensível à luz? Isso dificilmente nos preocupa mais do que a origem da própria vida; mas deixe-me registrar que diversos fatos me levam a suspeitar de que qualquer nervo sensível pode ter se tornado sensível à luz" (Darwin, 1859, p.187).

O mesmo dilema darwiniano surge com ares de novidade sobre a reflexão. No caso da origem do olho, Gehring (2011) apresentou uma análise mais sutil. O olho é o produto tanto do acaso como da necessidade, tal como Monod já havia antecipado (Monod, 1970). São necessários dois componentes para o protótipo de olho: a célula fotorreceptora e a célula de pigmento. A formação inicial da célula fotorreceptora foi um evento casual; ela não aconteceu por causa de alguma pesquisa incremental laboriosa de tentativa e erro através da seleção: células capturando moléculas de pigmento sensíveis à luz, depois reguladas pelo gene *Pac-6*. O que veria um observador de fora seria um período muito longo de tempo geológico em que a vida não contava com células de pigmento fotorreceptoras e, então, o surgimento relativamente rápido de "células + pigmento" – o pigmento era capturado ou não. Tudo isso aconteceu sem a necessidade de "numerosas" e "pequenas" modificações. A molécula teve de passar na peneira da seleção e foi ajustada a partir de então – mas depois do evento crítico. De maneira semelhante, a célula de pigmento prototípica surgiu do pigmento melanina, onipresente, encontrado em uma única célula junto com o agora capturado pigmento fotorreceptor. Em algum momento, essa única célula se dividiu em duas – mais uma vez um evento estocástico –, aparentemente sob o controle de um gene regulador de diferenciação celular. Aqui também, se visto "do lado de fora", veríamos um período relativamente longo de estabilidade, seguido por um momento de divisão em duas células, do tipo "ou tudo ou nada", em que as filhas são produzidas ou não. "Concluímos, a partir dessas considerações, que o protótipo de olho darwiniano surgiu de uma única célula, por diferenciação celular, com *Pax6* controlando a célula fotorreceptora e *Mitf*, a célula de pigmento" (Gehring, 2011, p.1058).

Em resumo, a origem inicial do protótipo de olho esboçado por Darwin, composto por duas células, não parece ter seguido a fórmula clássica de seleção baseada em tentativa e erro. Em vez disso, houve dois eventos distintos, estocásticos e abruptos responsáveis por essa inovação-chave, o "filme de câmera" do olho. E desde então? Embora tenha havido muitas melhorias e inovações impressionantes com a câmera do olho, a lente etc. – e bem da maneira como Darwin escreveu –, tem havido muito menos reparos com o filme em si. Não é como se a evolução abandonasse a Kodak, depois mudasse para a Polaroid e, por fim, trocasse para a gravação digital. As duas inovações-chave não foram nem numerosas nem pequenas.[10] Em uma linha do tempo, eles se destacam como duas mudanças abruptas, grandes e rápidas entre espaços em que nada acontecia – um padrão de estase e inovação, exatamente como em nossa própria linhagem, como discutiremos logo a seguir.[11]

---

10 Como mencionamos, isso não quer dizer que não houve eventos evolutivos importantes após o aparecimento das células pigmentadas-duplicadas. Examinamos a história extremamente rica e fascinante da evolução molecular da opsina, que foi revelada em detalhes por dados genômicos comparativos, incluindo o ganho e a perda de opsinas relativas à visão colorida, a maneira como diminutas alterações de opsina alteram o funcionamento em contextos de diferentes espécies etc. Da mesma forma, as mudanças evolutivas no "corpo da câmera e da lente" e como elas se realizaram são, em si mesmas, um tema importante, mas não mudam nosso ponto central. Os leitores podem querer também se referir à conhecida estimativa "pessimista", considerando o tempo necessário para um olho de vertebrado evoluir a partir do sistema de duas células (cf. Nilsson; Pelger, 1994).

11 Chatterjee et al. (2014) apresentam outra maneira de estimar o tempo necessário para encontrar sequências genômicas que codificam novas funções biológicas. Eles mostram que, em geral, o tempo necessário para a adaptação é muito longo, dado o vasto espaço de possíveis sequências genômicas para serem pesquisadas e os cerca de 10^9 anos disponíveis desde a origem da vida na Terra. Isso se torna exponencial no comprimento da sequência genômica em fase de adaptação, isto é, o comprimento da sequência do DNA em questão – e o comprimento médio de genes bacterianos é de cerca de 1.000 nucleotídeos. Para reduzir isso a uma quantidade de tempo "tratável", ou seja, polinomial no comprimento da sequência, eles mostram que é possível impor a restrição de que a sequência genômica inicial possa ser "regenerada" – ou seja, é fácil de voltar ao ponto de partida para a busca. Esse resultado tem a interpretação biológica natural de que os pontos de partida devem estar "próximos" das sequências-alvo, no sentido de que, se alguém duplicasse uma sequência genômica, ela não estaria tão longe de uma meta adaptativa. Repare que isso refuta o pensamento popular de escritores como Steedman, de que "a evolução tem recursos praticamente ilimitados, com números de processos limitados apenas pelos recursos físicos do planeta e tempo de processamento limitado apenas pela continuidade da existência deste último. Ela funciona basicamente como uma força que experimenta toda variação possível em toda variação viável até agora" (2014, p.3). Isso é falso. Na verdade, a evolução explorou apenas uma porção muito, muito pequena das possibilidades de variação genômica e morfobiológica, como a

No entanto, um "fundamentalista darwiniano" poderia ainda insistir em uma cadeia ancestral de continuidade suave e incremental em todas as etapas e, por consequência, teríamos uma forte probabilidade de encontrar espécies contemporâneas que compartilham um ou outro traço que compõe a linguagem humana. Em tal modelo, mesmo a recente descoberta de que os chimpanzés podem cozinhar alimentos (Warneken; Rosati, 2015) literalmente coloca lenha no fogueira sobre a discussão de que nossos parentes mais próximos também estão próximos a nós em termos de linguagem. No entanto, como vimos anteriormente neste capítulo com relação às alegações de Bornkessel-Schlesewsky et al. e Frank et al. (e veremos novamente no Capítulo 4), os chimpanzés são, na verdade, muito diferentes de nós em termos de linguagem.

Alguém poderia chamar essa imagem fundamentalista e uniformitarista de "visão micromutacional". A alternativa elaborada nesse quadro convencional – bastante caricaturada como um espantalho – muitas vezes é uma alternativa extremamente oposta, a chamada (de maneira infame) hipótese do "monstro esperançoso", proposta por Goldschmidt (1940), o qual postulou que mudanças genômicas e morfológicas poderiam acontecer por "passos gigantes" – talvez até mesmo o surgimento de uma nova espécie – depois de apenas uma geração. Uma vez que a hipótese do "monstro esperançoso" realmente parece estar fora de questão, muitos descartam a possibilidade de qualquer outro tipo de mudança, *com exceção* da micromutação.

---

pesquisa de Martin Nowak indica. Em vez disso, a evolução volta-se repetidamente a problemas que já resolveu. Uma maneira de fazer isso, de acordo com Nowak, é via duplicação genômica. O valor da duplicação genômica é reconhecido há muito tempo como uma maneira de regenerar pontos de partida para boas soluções evolutivas iniciais; é uma das principais formas propostas para a aquisição de novas funções biológicas. O DNA duplicado não está sob restrição seletiva e pode ser livremente alterado para "caçar" novas funções-alvo, uma vez que tem uma contraparte duplicada que absorve qualquer folga. Ver também Ohno (1970).

No entanto, essa é uma falsa dicotomia. Como já vimos, há boas razões para acreditar que ela seja empiricamente falsa. Muitas inovações evolucionárias – como núcleos de células, DNA linear e, acreditamos, concordando com Lane (2015), a linguagem – não se encaixam muito bem na cama de Procusto envolvendo micromutação *versus* monstro esperançoso. Do ponto de vista teórico, a escolha da micromutação permanece congelada no tempo desde por volta da época de 1930, data próxima ao ponto culminante da Síntese Moderna. Em 1930, um dos três líderes da Síntese Moderna, R. A. Fisher, publicou seu trabalho *Genetical Theory of Natural Selection* [Teoria genética da seleção natural], com um modelo geométrico matemático simples de adaptação, fazendo uma comparação com a focalização de um microscópio (Fisher, 1930, p.40-1). A intuição é que, se alguém está se aproximando de uma imagem focalizada, então apenas mudanças muito, muito pequenas irão nos aproximar de um foco melhor. Uma mudança grande na roda de foco irá, quase com certeza, nos levar para longe do ponto desejado. Intuitivamente plausível e convincente, essa única passagem bastou para convencer as próximas gerações de biólogos evolucionistas – quer dizer... até tempos recentes.

Fisher usou os resultados de seu modelo para argumentar que toda mudança evolutiva adaptativa é micromutacional, isto é, consiste em mudanças infinitesimalmente pequenas, cujos efeitos fenotípicos aproximam-se de zero. Como Orr (1998, p.936) afirma:

> Esse fato essencialmente garante que a seleção natural atue como *a única fonte de criatividade na evolução*. [...] Porque a seleção modela a adaptação a partir de um suprimento de variações contínuas, quase fluidas; a mutação por conta própria fornece pouca ou nenhuma forma fenotípica. (grifos nossos)

Em particular, o modelo de Fisher sugere que as mutações com um efeito fenotípico muito pequeno tenham 50% de chance de sobrevivência, enquanto quaisquer mutações maiores tenham uma chance de sobrevivência exponencialmente decrescente. Se adotarmos o modelo de Fisher, então, por definição, os genes de grande efeito fenotípico não podem desempenhar um papel na adaptação. Como observa Orr (1998, p.936):

> Seria difícil superestimar o significado histórico do modelo de Fisher. Sua análise, por si só, convenceu a maioria dos evolucionistas de que fatores de grande efeito fenotípico desempenham pouco ou nenhum papel na adaptação (revisto em Turner, 1985; Orr; Coyne, 1992). De fato, uma revisão da literatura revela que praticamente todos os principais pesquisadores da síntese moderna mencionaram a autoridade do modelo de Fisher como sendo a única base para o micromutacionismo (veja Orr; Coyne, 1992; além de Dobzhansky, 1937; Huxley, 1963; Mayr, 1963; Muller, 1940; Wright, 1948). J. B. S. Haldane parece ter sido a única exceção.

E, de fato, aparentemente cada trabalho que se pega sobre a evolução da linguagem segue a posição de Fisher – e, por consequência, segue também o papel correspondente e completamente dominante que a seleção natural assume. A observação de Fitch (2010, p.47) é representativa, seguindo a metáfora do "foco do microscópio":

> O argumento central contra um papel adaptativo para grandes mudanças qualitativas é que as macromutações que observamos na natureza interrompem a função adaptativa ao invés de realçá-la. Os organismos são sistemas ajustados, e indivíduos nascidos com mudanças aleatórias grandes têm uma possibilidade muito pequena de acabar sendo mais adaptados e sobreviverem.

Tallerman (2014, p.195), citando McMahon e McMahon (2012), indica que tanto ela como os dois autores mencionados também adotam o gradualismo de Fisher:

McMahon e McMahon (2012, um linguista e um geneticista) observam que a "evolução biológica é tipicamente lenta e cumulativa, não radical e súbita". No que diz respeito a "uma macromutação causando uma mudança imediata e radical", eles afirmam que "isso é evolutiva e altamente improvável".

Mas Fisher estava errado. O trabalho experimental dos anos 1980 sobre a genética da adaptação demonstrou que genes individuais podem ter efeitos surpreendentemente grandes em fenótipos. Vale a pena citar, mais uma vez, Orr na íntegra:

> Na década de 1980 [...] desenvolveram-se abordagens que finalmente permitiram a coleta de dados rigorosos sobre a genética da adaptação – análises de Lócus de Características Quantitativas (QTL). [...] Na análise QTL, a base genética das diferenças fenotípicas entre as populações ou espécies pode ser analisada usando um grande conjunto de marcadores moleculares mapeados. No trabalho de evolução microbiana, micróbios são introduzidos em um novo ambiente, e sua adaptação a esse ambiente é permitida; ferramentas genéticas e moleculares permitem então a identificação de algumas ou de todas as mudanças genéticas subjacentes a essa adaptação. Os resultados de ambas as abordagens foram surpreendentes: a evolução com frequência envolveu alterações genéticas de efeito relativamente grande e, ao menos em alguns casos, o número total de alterações pareceu ser modesto [...] [os resultados abarcaram] vários estudos clássicos, incluindo aqueles que analisam a evolução da redução da armadura corporal ou da estrutura pélvica na espinha dorsal de peixes *Gasterosteidae*, a perda de tricomas larvais ("pelos" finos) em espécies de *Drosophila* e a evolução de novas morfologias no milho e nas espécies de flores *Mimulus*. Estudos microbianos revelaram ainda que alterações genéticas que ocorrem de forma precoce na adaptação muitas vezes têm efeitos de aptidão maiores do que os que acontecem mais tarde e que a evolução adaptativa paralela é surpreendentemente comum. (Orr, 2005a, p.120)

Na verdade, ainda antes de Orr, Kimura (1983) já observara uma falha fundamental no modelo de Fisher. Essa falha se deve à natureza estocástica da evolução biológica real que discutimos antes: Fisher não levou corretamente em consideração a probabilidade da perda estocástica de mutações benéficas. Kimura reparou que as mudanças com efeitos fenotípicos maiores são menos suscetíveis de ser perdidas. No modelo de Kimura, mutações de tamanho intermediário devem ser mais prováveis na adaptação. No entanto, esse modelo também exigiu certas modificações para capturar a *série* de etapas de qualquer "caminhada adaptativa", ao invés de um passo único (cf. Orr, 1998). Como Orr (2005a, p.122) afirma,

> A adaptação no modelo de Fisher envolve então algumas poucas mutações de efeito fenotípico relativamente grande e muitas de efeito relativamente pequeno. [...] a adaptação é, portanto, caracterizada por um padrão de voltas decrescentes – as mutações de maior efeito são substituídas mais cedo, ao passo que as de pequeno efeito o são mais tarde.

É possível imaginar essa mudança evolutiva como uma bola saltitante, em que o maior salto vem em primeiro lugar, seguido de sucessivos saltos cada vez menores – uma sequência decrescente. Isso traz implicações claras para qualquer cenário (sobre a evolução da linguagem) que insista na mudança de micromutação como primeiro passo. Em suma, ao invés de mudanças macromutacionais serem incomuns e inesperadas, o inverso pode ser verdadeiro para os primeiros passos da mudança – e às vezes é esse, de fato, o caso. A teoria evolutiva contemporânea, os experimentos de laboratório e o trabalho de campo apoiam essa posição – sem a necessidade de se postular os tais "monstros esperançosos" de Goldschmidt. Há, na verdade, um meio-termo seguro. Com certeza, o que de fato aconteceu em qualquer situação particular continua sendo uma questão de natureza empírica. Como sempre, a Biologia é mais como a jurisprudência e menos como a Física newtoniana. As pistas que temos e que discutiremos a seguir e também no Capítulo 4 apontam na direção de mudanças mais ou menos rápidas, em algum momento entre o período em que os seres humanos anatomicamente modernos apareceram pela primeira vez na África há cerca de 200 mil anos e seu êxodo para fora da África há 60 mil anos.

Que lição se pode aprender com essa visão moderna do darwinismo e da mudança evolutiva? Em termos gerais, você recebe exatamente aquilo por que paga. E, se você pagar, deve entender o que comprou: o pacote todo, com todas as suas consequências. Se você optar pelo modelo de Fisher, então necessariamente aceitará o micromutacionismo (e você já descartou tudo, exceto a ideia de que a seleção natural é o motor causador da evolução da linguagem). Como vimos, você também perde a capacidade de explicar a origem de células complexas a partir de procariotas simplificadas, a origem dos olhos e muito mais. Por outro lado, se você não aceitar o modelo de Fisher e passar para a visão mais moderna, então deixa a porta aberta para um conjunto mais rico de possibilidades.

Voltando agora à nossa história humana, um exame do registro paleoarqueológico para a linhagem *Homo* corrobora justamente a visão não gradualista: um padrão recorrente de "desconexões entre épocas de aparecimento (e desaparecimento) de novas tecnologias e novas espécies" (Tattersall, 2008, p.108). O ponto central não é difícil de ver: de acordo com Tattersall, sempre que uma nova espécie de *Homo* aparecia, morfologicamente distinta da anterior, não houve inovações tecnológicas ou culturais paralelas. Ao invés disso, as inovações tecnológicas e culturais aparecem *muito depois* do aparecimento de cada nova espécie de *Homo* – centenas de milhares de anos depois. Em outras palavras, Tattersall (2008, p.103) escreve: "As inovações tecnológicas *não* estão associadas ao surgimento de novos tipos de hominídeos". Por exemplo, as ferramentas de Oldowan apareceram primeiro por volta de 2,5 milhões de anos atrás. Em tempos muito recentes, até mesmo ferramentas mais antigas, datadas de 3,3 milhões de anos atrás, foram encontradas no sítio arqueológico de Lomekwi, no Quênia (Harmand et al., 2015). Esses tipos de ferramentas arcaicas foram mantidos por cerca de 1 milhão de anos até a inovação dos machados acheulianos. No entanto, como observa Tattersall (2008, p.104), essa inovação tecnológica "veio aparecer significativamente depois da chegada de um novo tipo de hominídeo à Terra, muitas vezes conhecido hoje como *Homo ergaster*". Em resenha recente, Svante Pääbo, o principal cientista por trás da recuperação de DNA antigo e da sequenciação dos genomas de neandertais e denisovanos, faz eco a esse sentimento:

> Somente há 2,6 milhões de anos é que os ancestrais humanos começaram a fazer ferramentas de pedra que podem ser reconhecidas como tais quando encontradas por arqueólogos. Mas, mesmo assim, as diferentes ferramentas produzidas não mudaram muito durante centenas de milhares de anos. (Pääbo, 2014, p.216)

De forma semelhante, embora o tamanho do cérebro tenha aumentado ao longo da linhagem *Homo* (com a capacidade craniana neandertal tendo se tornado em média maior do que a dos humanos modernos), os registros comportamentais e materiais ficaram para trás. Apenas depois do surgimento dos primeiros seres humanos modernos na África é que podemos ver o início das rápidas mudanças nas ferramentas e no aparecimento dos primeiros artefatos inequivocamente simbólicos, tais como ornamentos de concha, uso de pigmentos e em particular as gravuras geométricas encontradas na caverna Blombos, há cerca de 80 mil anos (Henshilwood et al., 2002). Aqui também Pääbo concorda: ele diz que algo deve ter nos separado dos neandertais, algo que tenha estimulado a disseminação implacável de nossa espécie, que nunca antes atravessara águas abertas e nunca saíra da África (e que depois se espalhou por todo o planeta, em apenas algumas dezenas de milhares de anos). O que foi esse "algo"?

Junto com Tattersall, Pääbo destaca a falta de arte figurativa e outras armadilhas do comportamento simbólico moderno nos neandertais. Isso fornece uma pista forte (Pääbo, 2014b). É claro que nossos ancestrais que deixaram a África já possuíam "esse algo" – e "esse algo", suspeitamos, com Tattersall, foi a linguagem. Aqui Pääbo tem suas dúvidas. Ele sugere que o que nos distingue é "nossa propensão para a atenção compartilhada e a capacidade de aprender coisas complexas com os outros" – tomando aqui a linguagem como um aspecto de aprendizagem cultural, seguindo as opiniões de seu colega Michael Tomasello (Pääbo, 2014b, p.3757-8). Julgamos que ele está enganado sobre a linguagem e como ela é adquirida. Pääbo parece ter retornado à visão antropológica de Franz Boas, do século passado, como descreveremos no próximo capítulo.

De qualquer forma, o resultado do êxodo de nossos antepassados para fora da África foi que uma espécie de *Homo* – nós – viria a dominar o mundo, absorver tudo o que fosse bom nos genomas de neandertais e denisovanos e abandonar o resto. Essa talvez seja uma ideia um tanto fantasiosa, mas também é bastante familiar e inquietante, dado o que sabemos sobre a história subsequente de nossa espécie.

O que não vemos é qualquer tipo de "gradualismo" em tecnologias de fabricação de ferramentas ou em inovações como fogo, abrigos ou arte figurativa. Enquanto o uso controlado de fogo apareceu há cerca de 1 milhão de anos, ainda estamos falando de meio milhão de anos depois do surgimento do *Homo ergaster*. Tattersall afirma que esse padrão típico de momentos de estabilidade seguidos por saltos inovadores é consistente com a noção de "exaptação" – ou seja, a evolução pela seleção natural sempre coopta características existentes para novos usos; não pode haver qualquer "presciência" de que uma determinada característica será útil no futuro. As inovações, portanto, surgem independentemente das funções para as quais serão porventura selecionadas. Agindo como uma peneira, a seleção natural só pode peneirar diferencialmente através daquilo que lhe é apresentado. Qualquer inovação deve ser criada de alguma outra maneira, como pepitas de ouro que se desenvolvem. Os ingredientes antecedentes para a linguagem devem, em certo sentido, já existir. Mas quais eram esses ingredientes?

O modelo tripartite, aprendizagem vocal e genômica

Qualquer explicação sobre a origem da linguagem deve enfrentar a pergunta: *o que* evoluiu? Em nosso modelo tripartite, isso funciona de forma natural, como cada um dos três componentes que esboçamos antes: (1) o operador combinatório *Merge* junto com elementos atômicos semelhantes a palavras, ou seja, a "CPU" da sintaxe da linguagem humana; e duas interfaces: (2) a interface sensório-motora que faz parte do sistema de linguagem para externalização, incluindo aprendizagem e produção vocais; e (3) a interface conceitual-intencional, para o pensamento. Aqui nos concentramos em (2), a aprendizagem e a produção vocais, como mediadas pela interface sensório-motora.

Como mencionamos no início do capítulo, graças a modelos animais como os das aves canoras, pesquisadores parecem estar se aproximando de uma compreensão da aprendizagem vocal – pelo que parece, um componente de processamento sequencial do tipo *input-output* geneticamente modulado. Como Pfenning et al. (2014) sugerem, esse componente pode muito bem ser bastante uniforme entre espécies que têm aprendizado vocal, porque pode haver apenas algumas poucas maneiras possíveis de se construir um sistema de aprendizagem vocal, dadas as restrições evolutivas e biofísicas. Isso não exclui a possibilidade de que ajustes específicos sejam feitos para cada espécie, como no caso da audição e da fala humanas, ou da percepção gestual e visual.

Esse modelo envolvendo *input-output* corresponde à história do *FOXP2*. Para nós, o gene *FOXP2* é essencialmente uma parte do sistema que constitui o componente (2), a interface sensório-motora envolvida na externalização da sintaxe estrita – como uma impressora conectada a um computador, ao invés de ser a própria CPU do computador. No Capítulo 3, trazemos evidências linguísticas empíricas sobre esse assunto. Mas ainda há outras evidências. Trabalhos recentes com ratos transgênicos criados com uma versão "humanizada" de FOXP2 sugerem que a variante humana desempenha um papel na "modificação dos circuitos córtico-basais dos gânglios", aumentando a capacidade de mudar as habilidades motoras adquiridas declarativamente à memória procedural, como aprender a andar de bicicleta (Schreiweis et al., 2014, p.14253). Isso é bastante compatível com a visão de externalização. Essa mudança de "declarativo" para "habilidades motoras (inconscientes)" parece ser exatamente o que os bebês humanos fazem quando aprendem a executar a requintada dança que chamamos de *fala* ou *gesto* e que envolve a boca, a língua, os lábios, o trato vocal ou os dedos. É claro que muita coisa ainda permanece desconhecida, como observam os próprios autores, uma vez que

> a maneira como essas descobertas se relacionam com o efeito da versão humanizada do FOXP2 na formação do desenvolvimento de um cérebro humano que desenvolve traços característicos como a aquisição de linguagem e fala é desconhecida. (Schreiweis et al., 2014, p.14257)

Para nós, pelo menos, o experimento de Schreiweis, junto com os achados de Pfenning e colegas (Pfenning et al., 2014), confirma de forma impressionante que o aspecto de aprendizagem e produção vocal do sistema de externalização da linguagem não é específico ao homem. Cerca de 600 milhões de anos de tempo evolutivo nos separam dos pássaros. Contudo, as regiões de canções e de fala especializadas e a especialização genômica das espécies de aprendizagem vocal de aves canoras (por exemplo o mandarim, o beija-flor) e as de aprendizagem vocal da espécie humana parecem ser substancial e convergentemente semelhantes. Em contraste, aves que não aprendem a cantar (galinhas, codornas, pombas) e primatas não humanos que não vocalizam (macacos do gênero *Macaca*) não compartilham essas especializações genômicas com aprendizes vocais (nem aves canoras nem humanos).

Pfenning et al. "garimparam" milhares de genes e perfis de expressão gênica nos cérebros de aves canoras, papagaios, beija-flores, pombas, codornas, macacos do gênero *Macaca* e seres humanos, tentando correlacionar níveis distintivos de expressão gênica (se transcritos em um nível alto ou baixo) com uma sofisticada decomposição hierárquica de regiões cerebrais conhecidas entre as espécies testadas. O objetivo foi descobrir se as sub-regiões em que certos genes eram expressos, de maneira mais alta ou não, se comparavam entre si, de uma espécie a outra no caso de aprendizes vocais (aves canoras, papagaios, beija-flores, seres humanos) em oposição aos aprendizes não vocais (pombas, codornas, macacos do gênero *Macaca*). A resposta foi "sim": os mesmos perfis de transcrição genômica podiam ser alinhados entre todos os aprendizes vocais, mas não em aprendizes vocais *versus* não vocais. Se imaginarmos os genes como uma espécie de conjunto de controles de tom e som em um amplificador, então eles estavam todos "sintonizados" de forma paralela em espécies que apresentam aprendizagem vocal; mas a sintonia era diferente em comparação com as espécies que não apresentam esse tipo de aprendizagem.

Por exemplo, tanto as aves canoras como os seres humanos têm uma regulação negativa comparável do gene de orientação axônica *SLIT1* (um alvo de DNA do *FOXP2*) em regiões cerebrais análogas: na região RA aviária ("núcleo robusto do arcopallium") e no córtex motor laríngeo humano. Como Pfenning e colegas notaram, o produto proteico do *SLIT1*

> trabalha em conjunto com o receptor de orientação axônica *ROBO1*, e mutações em *ROBO1* causam dislexia e distúrbios de fala em seres humanos. [...] *ROBO1* é um dos cinco genes candidatos com substituições convergentes de aminoácidos em mamíferos de aprendizagem vocal. (Pfenning at al., 2014, p.2156846-10)

O gene *SLIT1* evidentemente faz parte de uma rede de desenvolvimento que assegura que os cérebros de aves canoras e de seres humanos estejam "ligados" de forma adequada.

Tal como o *FOXP2*, muitos dos genes descobertos por esse método regulam ou diminuem o DNA e seus produtos proteicos correspondentes. Contudo, ainda não sabemos como eles funcionam todos juntos. Pfenning (em comunicação pessoal) planejou as próximas etapas para conseguir resolver pelo menos uma parte do problema. Essas etapas envolvem encontrar os motivos do DNA que "regulam os reguladores". Essa é precisamente a abordagem correta e se baseia no que vimos sobre evolução e mudança evolutiva. Sabemos, desde a análise pioneira de King e Wilson (1975), que seres humanos e chimpanzés são 99% idênticos no nível macromolecular – proteínas envolvidas na bioquímica funcional dos organismos – e que essa identidade é provavelmente ainda mais forte se comparássemos humanos com nossos ancestrais não humanos. King e Wilson chegaram à seguinte conclusão, óbvia e importante: as diferenças entre os seres humanos e os chimpanzés devem estar em grande parte nos elementos reguladores. O que isso quer dizer é que as mudanças nos genes codificadores de proteínas podem não estar onde a ação evolutiva acontece – sobretudo, talvez, em se tratando da evolução que nos tornou humanos, já que esse foi um evento relativamente recente.

Durante os últimos quarenta anos, esse insight importante de King e Wilson foi confirmado em definitivo, incluindo tanto DNA não codificante como todos os outros componentes que regulam a atividade gênica, desde o "pacote" de cromatina ao redor do DNA até a regulação de micro – RNA do DNA durante o desenvolvimento, em particular o desenvolvimento do cérebro – parte da chamada revolução *evo-devo* (Somel; Liu; Khaitovich, 2013).

Aqui vamos nos concentrar em apenas um fator no sistema de regulação genética que controla o DNA, os chamados *acentuassomos* (ou *enhancers*, em inglês). Veremos por que esse tipo de evolução regulatória se mostrou tão relevante. (Não teremos espaço aqui para considerar outras regiões genômicas que parecem ser relevantes para mudanças evolutivas, por exemplo, os chamados elementos *cis*-reguladores; cf. Wray, 2007.) Um acentuassomo é um trecho curto de DNA – cerca de 1500 a 2 mil nucleotídeos de DNA (adenina, timina, citosina, guanina) – que não codifica uma proteína funcional como o gene *HBB* para a cadeia de proteína de betaglobina da hemoglobina, ou o gene *FOXP2* para a proteína FOXP2. Um acentuassomo não codifica nenhuma proteína de modo algum; por isso, é chamado de DNA não codificante. Sua função? Um acentuassomo se situa a certa distância "mais acima" ou "mais abaixo" do ponto inicial de um gene codificador de proteínas, talvez até a 1 milhão de nucleotídeos de DNA de distância, e então "se retorce" para entrar em contato com esse ponto de partida junto com os outros ingredientes necessários para dar a ignição na transcrição do DNA – um promotor, RNA polimerase II, e quaisquer fatores de transcrição (talvez até mesmo a própria FOXP2). Uma vez que todos os componentes estejam em seus lugares, então (de modo um pouco caprichoso) o promotor dá a partida na ignição e o motor de transcrição de DNA começa a funcionar.

Do ponto de vista da evolução, os acentuassomos são interessantes por pelo menos duas razões. Primeiro, eles são mais direcionados do que o DNA codificador de proteínas. Ao contrário do DNA codificador de proteínas, que pode desempenhar (e, de fato, em geral desempenha) mais de um papel em um organismo, empregado em muitos tecidos e células diferentes, um acentuassomo afeta apenas um pedaço de DNA e, portanto, é ajustado a um único contexto muito particular, em conjunto com promotores e fatores de transcrição. Em consequência, é mais fácil que um acentuassomo sofra mutação sem que efeitos indesejáveis não locais sejam causados. Um acentuassomo é *modular*. Isso é perfeito para a experimentação evolutiva – não há tantas preocupações em quebrar uma máquina complicada enfiando uma chave inglesa nela. Em segundo lugar, um acentuassomo fica sentado sobre apenas uma das duas fitas do DNA (em geral a mesma fita do próprio DNA codificador de proteínas). Isso é diferente de um gene de DNA codificador de proteína, que pode precisar estar em ambas as fitas de DNA – em um estado conhecido como "estado homozigótico", para se tornar superficial como um fenótipo – como o caso clássico dos olhos azuis. E esta é uma segunda vantagem evolutiva: um organismo não precisa esperar por uma mudança em ambas as fitas do DNA. No fim das contas, os ajustes evolutivos são, por princípio, muito mais fáceis com os acentuassomos – há mais de 100 mil acentuassomos nos seres humanos, todos destacando contextos genéticos específicos. Não deveria ser surpresa que este seja o primeiro lugar que os pesquisadores de aves irão sondar em seguida, para que aprofundem nossa compreensão sobre o aprendizado vocal em aves e humanos. Essa linha de raciocínio foi recentemente ratificada pela primeira confirmação funcional da diferença entre um DNA humano e de um chimpanzé, a qual promove a divisão celular neuronal, como descreveremos a seguir (Boyd et al., 2015).

Voltando ao assunto principal, quais são as implicações evolutivas desses resultados para a aprendizagem vocal? Pfenning et al. (2014, p.1333) terminam seu resumo assim:

A constatação de que circuitos neurais convergentes para a aprendizagem vocal são acompanhados por mudanças moleculares convergentes de múltiplos genes em espécies separadas por milhões de anos de um ancestral comum indica que os circuitos cerebrais voltados para traços complexos podem ter maneiras limitadas em que poderiam ter evoluído a partir desse ancestral comum.

Em outras palavras, o "kit de ferramentas" para a construção de aprendizagem vocal pode consistir em um pacote (conservado) de talvez cem a duzentas especializações genéticas – não importando qual espécie "arrancou" na frente e, por isso, evoluiu um pouco mais rápido. Isso se encaixa em nosso quadro geral sobre o surgimento relativamente rápido da linguagem e também se alinha com nossa metodologia para distinguir entre a evolução do sistema de externalização de *input-output* a partir do "processador central" da sintaxe da linguagem humana.

O que mais a Biologia Molecular moderna pode nos dizer sobre a evolução do cérebro humano e da linguagem? Não podemos fazer jus aqui a esse campo em rápida expansão. Ao invés disso, destacaremos alguns pontos-chave e também alguns dos principais obstáculos conhecidos.

Em primeiro lugar, graças ao trabalho recente com DNA antigo, podemos agora descobrir quantas e quais diferenças genômicas poderíamos encontrar para então ver como alinhar essas descobertas com as diferenças genômicas conhecidas entre nós e os genomas já sequenciados de neandertais, denisovanos e chimpanzés. Quanto às diferenças esperadas, o tempo em que se deu a divisão com nossos antepassados *Homo* já extintos (neandertais, por exemplo) é relativamente recente – 500 mil a 700 mil anos atrás –, e os seres humanos modernos surgiram no sul da África há cerca de 200 mil anos. Há, então, cerca de 200 mil anos de tempo evolutivo entre esses dois eventos. Podemos usar ferramentas teóricas de genética populacional, incluindo estimativas da força seletiva, tamanho da população e taxas de mutação do

DNA, para calcular quantas distintas regiões genômicas selecionadas positivamente poderíamos encontrar fixadas na população humana (ou seja, sem qualquer variação nos humanos modernos), presumidamente importantes do ponto de vista funcional, mas diferentes em espécies não humanas. O chamado tamanho efetivo da população humana, há 200 mil anos, foi estimado, por diversas fontes, como cerca de 10 mil, um número relativamente pequeno em comparação com muitos outros mamíferos (Jobling et al., 2014). A força seletiva – aptidão, referida com s – é difícil de ser estimada, em qualquer situação. Contudo, é possível usar dados de um dos sinais recentes mais fortes de seleção na população, a saber: o gene de persistência de lactase *LCT* (Tishkoff et al., 2007) para um limite superior de 0,10. Isso é extremamente alto. Considerando todos esses parâmetros, uma análise recente estima que poderia haver 700 mutações benéficas, com apenas 14 sobrevivendo para se fixar na população humana, mesmo levando em consideração uma forte vantagem seletiva de $s = 0,01$ (Somel; Liu; Khaitovich, 2013). O número baixo de sobrevivência se deve ao efeito de "poço de gravidade estocástico", descrito na seção anterior, com a probabilidade de perda de aproximadamente $(1-s/2)$; portanto, 98% de 700 – ou 686 perdidas e 14 mantidas.

Essa estimativa teórica parece estar muito próxima do que foi encontrado de forma empírica. O sequenciamento do genoma inteiro de neandertais e denisovanos indica que há, respectivamente, 87 e 260 diferenças genômicas funcionais (que mudam aminoácidos) que estão fixas nos humanos modernos, mas não estão presentes nessas duas espécies extintas (cf. Pääbo 2014a, Quadro Complementar 1). Como Pääbo aponta, essas diferenças têm um significado especial porque, pelo menos do ponto de vista genômico, elas destacam aquilo que nos torna humanos. Em se tratando das diferenças entre humanos e neandertais, há apenas 31.389 diferenças de nucleotídeos de DNA únicos (polimorfismos de nucleotídeo único, ou PNUs) dos aproximadamente 4 bilhões possíveis; 125 inserções ou apagamentos de nucleotídeos de DNA; 3.117 diferenças na região reguladora (usando uma definição específica para "reguladora"); e apenas 96 diferenças totais de aminoácidos, em 87 genes. (Alguns genes têm mais do que apenas uma diferença de aminoácido.) O que essa "lista de diferenças" nos revela?

Muitas – na verdade, a maioria – das mais de 30 mil diferenças de PNUs provavelmente não fazem diferença alguma na peneira da seleção natural – elas são "neutras". Seguindo Pääbo, vamos deixar de lado por um momento as 3 mil (ou mais) diferenças regulatórias. Ficamos com apenas 87 diferenças de codificação de proteínas entre nós e os neandertais – não é muita coisa. Por exemplo, aparentemente compartilhamos a mesma proteína FOXP2 com os neandertais, embora exista alguma evidência de uma região reguladora envolvendo *FOXP2* que não esteja fixada na população humana e cujas variantes seriam um pouco diferentes das dos neandertais, como discutiremos mais adiante no Capítulo 4.[12] Dos genes que de fato codificam proteínas diferentes, alguns quase certamente não estão relacionados com a linguagem e a cognição. Por exemplo, pelo menos três dos diferentes genes estão envolvidos na formação da pele, e isso

---

12 Se essas duas mudanças humanas/neandertais fossem realmente tão funcionalmente importantes, seria de esperar que elas "andassem juntas" durante a recombinação sexual na reprodução, mas isso não é o que Ptak et al. (2009) descobriram. Além disso, quando se tenta "alinhar" na linha temporal o momento em que essas duas regiões de *FOXP2* específicas a humanos e neandertais surgiram, as datas não concordam umas com as outras. O resultado é que a posição, a natureza e o momento da evolução do *FOXP2* continuam em debate. De acordo com alguns trabalhos recentes (Maricic et al., 2013), as variantes do gene *FOXP2* humano e neandertal diferem em regiões reguladoras cruciais, que parecem ter sido submetidas a varreduras seletivas recentes em seres humanos. Por isso, as duas posições de aminoácidos que, pensava-se antes, estavam envolvidas em uma varredura seletiva dentro dessa região gênica no antepassado comum de seres humanos e neandertais não estavam envolvidas. Pelo contrário, uma região diferente estava envolvida, apenas em seres humanos.

faz sentido, dadas nossa perda de pelos do corpo e as alterações resultantes na pigmentação de nossa pele.

Outras diferenças genômicas podem ser mais prováveis candidatas à evolução cognitiva. Por exemplo, Pääbo observa que existem três variantes genéticas que nós temos, mas que não são encontradas em neandertais: *CASC5*, *SPAG5* e *KIF18A*. Elas estão envolvidas na divisão de neurônios, na chamada "zona proliferativa", em que as células-tronco se dividem para formar o cérebro (Pääbo, 2014a). No entanto, no momento em que escrevemos, não sabemos se as proteínas que esses genes codificam levam realmente a diferentes desfechos de desenvolvimento ou a diferentes fenótipos em nós, em oposição aos neandertais – cérebros maiores ou diferentes, ou melhor, cérebros maiores nos pontos certos, já que a capacidade craniana neandertal era, em média, maior do que a nossa, embora talvez mais inclinada para a parte posterior, occipital do cérebro. E este é o principal obstáculo que tem de ser superado: descobrir a via que leva do genótipo ao fenótipo.

Conhecemos a resposta para a questão funcional no caso de pelo menos uma diferença genômica regulatória implicada no desenvolvimento cerebral – uma diferença entre nós e os outros primatas superiores, mas não entre nós e os neandertais (Boyd et al., 2015). Há um aumento geral na capacidade craniana e no tamanho do cérebro em toda a linhagem *Homo*, do *Homo habilis* há cerca de 2 milhões a 2,8 milhões de anos, com uma capacidade craniana recém-estimada de 727 a 846 cm^3, ao *Homo erectus*, com cerca de 850 a 1.100 cm^3, e se expandindo a partir daí. A linhagem *Homo* se difere assim dos outros primatas superiores. O que impulsionou a expansão do cérebro? Se olharmos para as regiões de acentuassomos nos seres humanos com sua evolução acelerada, verificaremos que muitos acentuassomos estão localizados próximos dos genes envolvidos na construção de nosso cérebro (Prabhakar et al., 2006; Lindblad-Toh et al., 2011). Boyd e seus colegas focaram em um desses acentuassomos que são diferentes entre nós e os chimpanzés, o *HARE5*, e criaram ratos transgênicos com a forma humana e símia do *HARE5*. E esses ratos exibem padrões diferentes de crescimento cortical? Sim, os ratos humanizados apresentaram um aumento de 12% no tamanho de seus cérebros, em comparação com ratos normais ou com aqueles que tinham o *HARE5* de chimpanzé. Isso aconteceu aparentemente devido a um aumento na taxa de divisão celular para células progenitoras neurais. Tal como descrito em linhas anteriores, o acentuassomo *HARE5* funciona em conjunto com a região promotora de um gene-chave envolvido no desenvolvimento neocortical, o gene *FZD8*. Essa pesquisa aponta para um caminho – embora laborioso – para a confirmação experimental dos efeitos fenotípicos de todos os 87 genes na lista de diferenças entre humanos e neandertais. Mas precisaremos saber mais do que os resultados podem nos dizer: mesmo se soubermos de fato que o *HARE5* estimula o crescimento do cérebro, ainda precisaremos descobrir como esse crescimento do cérebro se relaciona com o fenótipo cognitivo que chamamos de linguagem.

O que dizer das 3 mil diferenças regulatórias estranhas? Somel e colegas observam que

> há uma acumulação de evidências de que o desenvolvimento do cérebro humano foi fundamentalmente remodelado por meio de vários eventos genéticos dentro do curto espaço de tempo entre a divisão humano-neandertal e o surgimento dos humanos modernos. (Somel; Liu; Khaitovich, 2013, p.119)

Eles destacam uma diferença particular entre os neandertais e nós: um trecho de DNA regulatório que aparece acima de um regulador de crescimento sináptico, o *MEF2A*. É o que eles chamam de "um potencial regulador transcricional de desenvolvimento sináptico estendido no córtex cerebral humano" – um sinal característico do desenvolvimento humano, um período prolongado de infância (Somel; Liu; Khaitovich, 2013, p.119). De qualquer maneira, essa parece ser uma carga explicativa bem pesada para um pequeno trecho de DNA carregar.

Outros novos genes e elementos reguladores implicados na morfologia craniana e no crescimento neural se acumularam no trajeto desde nosso último antepassado comum com os chimpanzés até os dias de hoje. Por exemplo, o gene *SRGAP2* é conhecido por desempenhar um papel no desenvolvimento cortical humano e na maturação neuronal. Ele foi duplicado três vezes em nossa linhagem, com uma duplicação ocorrendo apenas no momento em que a linhagem *Homo* aparece, entre 2 milhões e 3,5 milhões de anos atrás (Jobling et al., 2014, p.274). Essas duplicações genéticas são conhecidas por desempenharem papéis importantes na inovação evolutiva, já que elas permitem que um dos duplicados "flutue livremente" e assuma novas funções (Ohno, 1970); veja também a nota 9.

Qual é a conclusão a partir disso tudo? Talvez a pergunta que vale um milhão seja a seguinte: *os neandertais tinham linguagem?* O número de diferenças genômicas entre nós, os neandertais e os denisovanos é pequeno o suficiente para que alguns autores respondam que *sim, eles também tinham linguagem.* Entretanto, continuamos céticos com relação a isso. Ainda não entendemos a base genômica ou neural para a Propriedade Básica. E ainda é uma tarefa quase impossível dizer se os seres humanos anatomicamente modernos há 80 mil anos tinham linguagem. Tudo o que temos são os representantes simbólicos para o comportamento da linguagem. Junto com Tattersall (2010), notamos que a evidência material para o comportamento simbólico dos neandertais é excepcionalmente fraca. Por outro lado, os seres humanos anatomicamente modernos do sul da África de cerca de 80 mil anos atrás já mostravam sinais claros de comportamento simbólico – antes de seu êxodo para a Europa. Voltaremos a esse assunto no Capítulo 4.

Nosso problema principal é que compreendemos muito pouco até mesmo sobre o funcionamento das operações computacionais mais básicas e como elas podem ser realizadas pelo *"wetware"* neural, ou seja, nosso cérebro. Por exemplo, como Randy Gallistel gosta de enfatizar, a primeira coisa que qualquer cientista da computação gostaria de saber sobre um computador é como ele escreve na memória e como ele lê a partir dessa memória – as operações essenciais do modelo da máquina de Turing e, em última instância, de qualquer dispositivo computacional. No entanto, não sabemos como esse elemento mais fundamental da computação funciona em nosso cérebro (Gallistel; King, 2009). Por exemplo, uma das propostas comuns para implementar o processamento estrutural hierárquico na linguagem é um tipo de rede neural recorrente com um declínio exponencial para emular um "autômato de pilha" (Pulvermüller, 2002). Infelizmente, cálculos bioenergéticos simples mostram que é improvável que isso esteja correto. Como Gallistel observa, cada potencial de ação ou *"spike"* requer a hidrólise de 7×10^8 moléculas de ATP (a "bateria" de armazenamento molecular básica para células vivas). Aceitando que aconteça uma operação por *spike*, Gallistel estima que levaria algo em torno de 10^{14} *spikes* por segundo para atingir o poder de processamento de dados necessário. Agora, gastamos muito tempo pensando e lendo livros como este a ponto de nosso sangue ferver, mas provavelmente nem é para tanto. Questões semelhantes afligem qualquer método baseado em trens de *spikes* neurais, incluindo abordagens de estados dinâmicos; dificuldades estas que parecem ter sido muitas vezes ignoradas (cf. Gallistel; King, 2009, para mais detalhes). Seguindo a moda de atribuir nomes a problemas-chave na ciência cognitiva da linguagem, tal como "o problema de Platão" e "o problema de Darwin", chamamos esse problema de "o problema de Gallistel". Voltaremos a ele no Capítulo 4, no contexto de operações de computação e *Merge*.

Há cerca de cinquenta anos, Marvin Minsky, em seu livro de 1967 *Computation:* Finite and Infinite Machines [Computação: máquinas finitas e infinitas], apresentou o problema de Gallistel praticamente nessas mesmas palavras, destacando como pequenas coisas mudaram:

> Infelizmente, ainda há muito pouco conhecimento sobre como a informação é armazenada nos sistemas nervosos, isto é, como eles *aprendem* – nem ao menos temos teorias amplamente aceitas a esse respeito. [...] Um tipo de teoria propõe que a memória de curto prazo é "dinâmica" – armazenada na forma de pulsos reverberando em torno de cadeias fechadas de neurônios. [...] Recentemente, tem havido uma série de publicações que propõem que a memória é armazenada, como a informação genética, na forma de cadeias de ácido nucleico (mas não vi nenhuma dessas teorias elaboradas para incluir mecanismos plausíveis de gravação e leitura). (Minsky, 1967, p.66)

Até onde pudemos entender, as palavras de Minsky ainda são verdadeiras, e o problema de Gallistel permanece sem solução. Eörs Szathmáry está correto quando escreve que

> a Linguística está no estágio em que a Genética se encontrou imediatamente após Mendel. Existem regras (de produção de sentenças), mas ainda não sabemos quais mecanismos (redes neurais) são responsáveis por elas. (Szathmáry, 1996, p.764)

Por mais que queiramos saber o que nos torna humanos e como a linguagem surgiu geneticamente, é inquietante saber que os cientistas ainda têm de encontrar qualquer evidência *inequívoca* da obra da seleção natural, uma "varredura seletiva" positiva, ocorrendo na época em que o *Homo sapiens* surgiu pela primeira vez como espécie. Isso pode ser um fato inevitável sobre o conhecimento imperfeito que temos de nossa história demográfica do passado, bem como a relativa raridade das varreduras seletivas. A evolução poderia apenas estar fazendo uso de variações já presentes na população, como argumentam Coop e Przeworski (cf. Jobling, 2014, p.204).[13] Em todo caso, como eles afirmam, a análise genética de traços como a linguagem é "agora um problema central para a genética evolutiva humana" (Jobling, 2014, p.204). Só podemos concordar com isso.

---

13 Zhou et al. (2015) usaram recentemente simulações "coalescentes" junto com análises de genoma completo de DNA antigo para desenvolver um novo método de detectar varreduras seletivas. Juntamente com os 1.000 dados do Genomas Fase I de populações africanas, europeias e asiáticas, eles afirmaram que conseguem se esquivar dos conhecidos problemas de interferência de mudanças demográficas. Eles também afirmaram que são capazes de discriminar entre seleção positiva, seleção purificadora (negativa) e seleção balanceadora, e também conseguem estimar a força da seleção. Zhou et al. pegaram sinais de cinco genes relacionados ao cérebro, aparentemente sob seleção positiva, na linhagem humana antes do êxodo da África. De forma curiosa, todos eles parecem estar relacionados com a doença de Alzheimer. Eles não captaram qualquer sinal de seleção positiva para o *FOXP2* na população africana (Yoruba-YRI) nos dados do 1.000 Genomas Fase I, mas detectaram um sinal de seleção positiva para o *FOXP2* nos dados (CEU) da população da Europa Central (coletados em Utah), a aproximadamente 1.000 gerações atrás, ou há cerca de 22.000-25.000 anos. Essas datas não se alinham muito bem com estudos anteriores, novamente apontando para a dificuldade da extrapolação do passado longínquo, dada a complexa história genealógica da população humana. Ainda não está claro se esse método recente realmente evita as dificuldades já bem conhecidas de estimativa demográfica, juntamente com outras questões – hoje em dia ainda é difícil determinar a doença de Alzheimer, o que dizer de detectá-la em um "paciente" que viveu há 200 mil anos.

2
Biolinguística evoluindo

Antes de discutir sobre *linguagem*, sobretudo em um contexto biológico, devemos ser claros a respeito do que queremos dizer com esse termo, que gera muita confusão. Às vezes, o termo *linguagem* é usado para se referir à linguagem humana; às vezes, é usado para se referir a qualquer sistema simbólico ou a qualquer modo de comunicação ou representação, como quando se fala da linguagem das abelhas, ou de linguagens de programação, ou ainda da linguagem das estrelas e assim por diante. Aqui ficaremos com o primeiro sentido aludido: a linguagem humana, um objeto particular do mundo biológico. O estudo da linguagem, assim entendida, passou a ser chamado de (perspectiva) Biolinguística.

Entre as muitas questões intrigantes sobre a linguagem, duas se destacam: primeiro, por que ela existe? Ela é evidentemente única na linhagem humana – algo que os biólogos evolucionistas chamam de "autapomorfia". Em segundo lugar, por que existem tantas línguas? Essas são, de fato, as questões básicas sobre a origem e a variação, que tanto preocupavam Darwin e outros pensadores evolucionistas. Elas fazem parte do núcleo explicativo da Biologia moderna: por que observamos essa matriz particular de formas vivas no mundo e não outras? Desse ponto de vista, a ciência da linguagem está diretamente dentro da tradição biológica moderna, apesar de seus detalhes aparentemente abstratos, como se observa com grande frequência.

De acordo com um consenso bastante geral entre paleoantropólogos e arqueólogos, essas questões são muito recentes no tempo evolutivo. Há cerca de 200 mil anos, a primeira pergunta nem poderia ter aparecido, porque não existia nenhuma língua. Há 60 mil anos, as respostas a ambas as perguntas foram estabelecidas: nossos antepassados começaram seu último êxodo da África, espalhando-se por todo o mundo, e – até onde se sabe – a faculdade da linguagem permaneceu essencialmente inalterada – o que não é surpreendente em tal breve período. As datas reais ainda são incertas e não importam muito para nossos propósitos. A imagem geral parece ser precisa. Mais importante ainda, uma criança de uma tribo da Idade da Pedra na Amazônia, se levada a Boston, será indistinguível, em termos linguísticos e cognitivos, de crianças nascidas em Boston cujas ascendências estivessem associadas aos primeiros colonos ingleses – e vice-versa. Essa uniformidade mundial com a capacidade da linguagem em nossa espécie – a "faculdade da linguagem" – sugere fortemente que ela é um traço nos seres humanos anatômicos modernos, que deve ter aparecido antes do êxodo africano de nossos antepassados e sua dispersão pelo mundo afora; algo já notado por Eric Lenneberg (1967, p.261). Até onde sabemos, então, com exceção de casos de patologia, a faculdade da linguagem é uniforme na população humana.[1]

---

1 Lenneberg (1967, p.254) rapidamente expõe um argumento, devido a Darlington (1947) e expandido por Brosnahan (1961), de que pode haver preferências vocais, baseadas geneticamente, expressas por meio de diferenças estruturais distintas em tratos vocais humanos que são então canalizadas através de princípios de menor esforço que resultem em populações humanas distintas, cujas habilidades de aquisição de linguagem difiram da população em geral. Se isso for verdade, esse efeito se assemelharia à habilidade diferencial que

Por que apenas nós?

agrupamentos humanos distintos têm para digerir a lactose do leite durante a fase adulta (enquanto os europeus têm o gene que permite digerir lactose, o *LCT*, os asiáticos não têm). A evidência de Brosnahan estava baseada na correlação de uma distribuição geográfica única de línguas que não estavam historicamente relacionadas (por exemplo, o basco e as línguas fino-úgricas) que usavam sons fonéticos particulares, tais como *th*, em comparação com a população em geral. No entanto, como observa Lenneberg, a evidência é extremamente fraca e a genética por trás dessa "preferência" por sons peculiares nunca foi estabelecida de fato. Um causo divertido do biólogo evolucionista Stebbins, a partir de suas lembranças de Dobzhansky, talvez tenha capturado bem a questão: "Minha intimidade com a família Dobzhansky me ensinou coisas sobre genética humana e cultura. Naquela época, o citogeneticista de plantas inglês C. Darlington insistia, através da publicação de artigos e livros, na ideia de que a capacidade de pronunciar as palavras de uma determinada língua, especificamente o ditongo inglês 'th', tem uma base genética. Aliás, ele postulou uma ligação genética entre o fenótipo do grupo sanguíneo e a capacidade de pronunciar o 'th' em inglês. Quando ele recebeu reverberações contrárias, de Dobzhansky e de outros, ele e seus amigos ingleses espalharam a seguinte conversa apócrifa entre Dobzhansky e Ernst Mayr: 'Ernst, você sabe que aquela ideia do Darlington é uma bobagem! Todo mundo consegue pronunciar o 'th'. Mayr: 'Sim, é verdade'. [Nesse diálogo supostamente criado por Darlington, os interlocutores (Dobzhansky e Ernst Mayr) não conseguem pronunciar corretamente o som expresso pelo dígrafo-e não ditongo-'th' em inglês. Uma aproximação em português seria um diálogo em que os interlocutores não conseguem pronunciar o som da letra 'r', por exemplo. Algo como "Que ideia boba! Todos *plonunciam* muito bem a *letla L!*". N. T.] No que diz respeito a Doby e Ernst, que aprenderam seu inglês como adultos, a ideia estava correta. Contudo, quando eu estava no apartamento de Dobzhansky, ouvi sua filha Sophie, então uma menina de 13 anos, conversando com seus pais. Embora ambos os pais pronunciassem o 'th' e outros sons da língua inglesa da maneira caricaturada por Darlington, e o fizessem desde que Sophie era uma criança pequena, ela falava inglês com um sotaque típico de Nova York, pouco diferente do meu, uma verdadeira nova-iorquina" (Stebbins, 1995, p.12).

A ausência de variação gene/língua também aparece nas poucas tentativas recentes que conhecemos de vincular a variação genética a tipos de línguas distintos – por exemplo, Dediu e Ladd (2007) afirmam que existe uma associação putativa entre línguas tonais, percepção diferencial de tons e duas sequências genômicas que tivessem sido positivamente selecionadas com relação ao tamanho e ao desenvolvimento do cérebro. Há muitas dificuldades nesse estudo. Uma análise genética mais cuidadosa dos resultados do projeto 1.000 Genomas não confirmou a seleção positiva, e a associação de

Além disso, tanto quanto podemos saber a partir do registro histórico, as propriedades paramétricas fundamentais da linguagem humana permanecem fixas, variando apenas dentro de limites prescritos. Nenhuma língua já usou um método de "contagem" para formar vozes passivas, por exemplo. Assim, nunca existiu uma regra que formasse uma frase passiva (como *A maçã foi comida*) colocando uma palavra marcadora de passiva após, digamos, a terceira palavra da frase, um resultado em consonância com os encontrados por estudos recentes de imagem cerebral (cf. Musso et al., 2003). Muito diferente de qualquer linguagem de computador, as línguas humanas admitem a possibilidade de "deslocamento", em que sintagmas são interpretados em um lugar, mas pronunciados em outro (como em *O que o João queria?*), mais uma propriedade derivada a partir da operação *Merge*. Todas as línguas humanas se baseiam em um inventário fixo e finito, um conjunto básico de gestos articulatórios, como vibrar ou não as cordas vocais e distinguir um "b" de um "p", por exemplo – ainda que nem todas as línguas distingam "b" de "p". Em suma, o "menu opções" das línguas pode variar, mas o que está presente no menu não. É possível modelar adequadamente a ascensão e a queda de tais opções usando modelos de sistema dinâmico, como Niyogi e Berwick (2009) demonstraram para o inglês, quando explicaram a mudança na posição do verbo: de uma língua como o alemão (com o verbo no final) para uma forma mais moderna. Esse tipo de mudança, contudo, não deve ser confundido com a evolução da linguagem *per se*.

Estamos, portanto, preocupados com um curioso objeto biológico, a *linguagem*, que apareceu na Terra recentemente. É

---

línguas tonais a propriedades genômicas permanece não verificada (assim como qualquer relação de casualidade entre esses fatores), uma vez que grande parte da variação genômico-tonal pode ser explicada geograficamente. Trabalhos recentes sobre a variação no *FOXP2* (cf. Hoogman et al., 2014) também apoiam o entendimento de que, além da patologia, a variação nesse segmento genômico não tem efeito aparente na população em geral.

uma propriedade da espécie humana, uma dotação comum sem nenhuma variação significativa (salvo casos de patologias sérias), diferente, em seus fundamentos, de qualquer outra coisa conhecida no mundo orgânico; algo certamente central para a vida humana desde seu surgimento. A linguagem é um componente central daquilo que o cofundador da teoria evolucionista moderna, Alfred Russel Wallace (1871, p.334), denominou "natureza intelectual e moral do homem", ou seja, as capacidades humanas para a imaginação criativa, para a linguagem e para o simbolismo em geral, para o registro e a interpretação de fenômenos naturais, para práticas sociais intrincadas, um conjunto complexo às vezes chamado apenas de "capacidade humana". Esse complexo parece ter se cristalizado recentemente em um pequeno grupo da África Oriental de quem todos somos descendentes, distinguindo vivamente os seres humanos contemporâneos de outros animais, com enormes consequências para todo o mundo biológico. Em geral se assume, com plausibilidade, que o surgimento da linguagem é um elemento central nessa transformação súbita e dramática. Além disso, a linguagem é um componente da capacidade humana cujo estudo com alguma profundidade é acessível. Essa é outra razão por que mesmo a pesquisa puramente "linguística" se enquadra sob o rótulo "Biolinguística", ainda que remova superficialmente aspectos biológicos.

Pela perspectiva biolinguística, podemos pensar na linguagem, em essência, como um "órgão do corpo", mais ou menos no mesmo nível dos sistemas visual, digestivo ou imunológico. Ela é um subcomponente de um organismo complexo que tem integridade interna suficiente, de modo que faz sentido estudá-la em abstração de suas interações complexas com outros sistemas na vida do organismo. Nesse caso, é um órgão cognitivo, como os sistemas de planejamento, interpretação, reflexão e tudo aquilo que se encontra entre os aspectos do mundo vagamente denominados "mentais", que reduzem de alguma forma a "estrutura orgânica do cérebro", nas palavras do cientista e filósofo do século XVIII Joseph Priestley (1775, p.xx). Priestley estava articulando a conclusão natural depois que Newton demonstrou, para seu próprio grande desânimo e descrença, que o mundo não é uma máquina, contrariando os pressupostos fundamentais da revolução científica do século XVII – uma conclusão que efetivamente eliminou o tradicional problema *mente-corpo*, porque não há mais um conceito coerente de *corpo* (*material*, *físico*), uma matéria bem compreendida nos séculos XVIII e XIX. Podemos pensar na linguagem como um "órgão mental" (onde o termo *mental* simplesmente se refere a certos aspectos do mundo) para ser estudado da mesma forma que aspectos químicos, ópticos, elétricos ou outros, na esperança de que ocorra uma eventual unificação – observando que tal unificação nesses outros domínios no passado foi muitas vezes obtida por formas completamente inesperadas e não necessariamente por redução.

Como mencionamos no início, com relação a esse curioso órgão mental *linguagem* surgem duas questões óbvias. Uma delas é *por que ela existe de maneira evidentemente única para nossa espécie? E a segunda: por que existe mais de um idioma?* De fato, por que existe tal diversidade e variedade, em que as línguas parecem "se diferenciar umas das outras sem limites e de maneira imprevisível", e, portanto, o estudo de cada língua deve ser abordado "sem nenhum esquema preexistente do que uma língua deve ser", citando aqui o proeminente linguista teórico Martin Joos (1957, p.96) há mais de cinquenta anos. Joos estava resumindo a "tradição boasiana" reinante, como ele chamava plausivelmente, traçando-a até o trabalho de um dos fundadores da moderna Antropologia e da Linguística Antropológica, Franz Boas. A publicação que foi o fundamento da Linguística Estrutural norte-americana na década de 1950, o *Methods in Structural Linguistics* [Métodos de Linguística Estrutural], de Zellig Harris (1951), foi chamada de "métodos" precisamente porque parecia haver pouco a dizer sobre a linguagem além dos métodos para reduzir os dados de variação ilimitada das línguas para uma forma organizada. O estruturalismo europeu era muito parecido. A introdução clássica de Nikolai Trubetzkoy (1969) à análise fonológica foi semelhante em sua concepção. De modo mais geral, as investigações estruturalistas centraram-se quase inteiramente em Fonologia e Morfologia, as áreas em que as línguas parecem diferir amplamente e de formas complexas, uma questão de interesse mais amplo, à qual retornaremos.

O quadro dominante na Biologia, mais ou menos na mesma época, era muito parecido e foi capturado na observação do biólogo molecular Gunther Stent (1984, p.570), sobre a variabilidade dos organismos ser tão livre que constituía "uma quase infinidade de particularidades que têm de ser resolvidas caso a caso".

Na verdade, o problema da reconciliação entre unidade e diversidade tem surgido constantemente, tanto na Biologia quanto na Linguística. O estudo da linguagem que se desenvolveu na revolução científica do século XVII distingue a gramática universal da gramática particular, embora não exatamente no sentido da abordagem biolinguística contemporânea. A gramática universal foi considerada o núcleo intelectual da disciplina; as gramáticas particulares eram consideradas instanciações acidentais do sistema universal. Com o florescimento da Linguística Antropológica, o pêndulo começou a balançar em outra direção, no sentido da diversidade, bem articulada na formulação boasiana que mencionamos anteriormente. Na Biologia, a questão tinha sido levantada acentuadamente em um famoso debate entre os naturalistas Georges Cuvier e Geoffroy St. Hilaire, em 1830. A posição de Cuvier, enfatizando a diversidade, prevaleceu sobretudo após a revolução darwiniana. Ela levava a conclusões sobre a "quase infinitude" da variedade a ser resolvida caso a caso. Talvez a frase mais citada na Biologia seja esta observação final de Darwin, em *A origem das espécies*: "A partir de um início tão simples, infinitas formas, as belas e as mais maravilhosas, evoluíram e continuam a evoluir" (Darwin 1859, p.490). Essas palavras foram adotadas pelo biólogo evolucionista Sean Carroll

(2005), como o título de sua introdução à "nova ciência do evo-devo [evolução e desenvolvimento]", que procura mostrar que as formas que evoluíram estão longe de ser infinitas; na verdade, elas são notavelmente uniformes.

A reconciliação da aparente diversidade de formas orgânicas com sua evidente uniformidade subjacente – por que vemos *este* conjunto de seres vivos no mundo e não outros; da mesma forma, por que vemos *este* conjunto de línguas/gramáticas no mundo e não outros – vem através da interação de três fatores, articulada pelo biólogo Monod, em seu livro *Le Hasard et la nécessité* [O acaso e a necessidade] (1970). Em primeiro lugar, há o fato histórico contingente de que somos todos descendentes comuns pertencentes a uma única árvore da vida; por isso, dividimos uma ancestralidade em comum com todos os outros seres vivos conhecidos, que aparentemente exploraram apenas uma pequena fração de um espaço que inclui um conjunto muito maior de possíveis resultados biológicos. Não deveria, então, ser surpresa o fato de que possuímos genes em comum, caminhos bioquímicos em comum e muito mais.

Em segundo lugar, existem as restrições físico-químicas do mundo, as necessidades que delimitam as possibilidades biológicas – como a quase impossibilidade do desenvolvimento natural de rodas para locomoção, devido à dificuldade física de fornecer um controle nervoso e um suprimento de sangue a um objeto rotativo.

Em terceiro lugar, há o efeito de "peneiramento" da seleção natural, que resulta de um menu de possibilidades preexistentes – oferecido pela contingência histórica e pelas restrições físico-químicas – da matriz real de organismos que observamos no mundo que nos rodeia. Observe que o efeito do menu restrito de opções é de extrema importância: se as opções forem extremamente limitadas, então a seleção terá muito pouco para escolher. Não deve ser nenhuma surpresa o fato de que, quando alguém vai para um restaurante de *fast-food*, quase sempre sai com um hambúrguer e uma porção de batatas fritas. Para Darwin

(1859, p.7), a seleção natural não é de modo algum o meio "exclusivo" que molda o mundo natural: "Além disso, estou convencido de que a seleção natural é o principal, mas não o exclusivo, meio de modificação".

Descobertas recentes revigoraram a abordagem geral de D'Arcy Thompson (1942 [1917]) e Alan Turing sobre os princípios que limitam a variedade de organismos. Nas palavras de Wardlaw (1953, p.43), a verdadeira ciência da Biologia deveria considerar cada "organismo vivo um tipo especial de sistema ao qual se aplicam as leis gerais da Física e da Química", limitando fortemente sua variedade possível e fixando suas propriedades fundamentais. Esse ponto de vista deve soar menos extremo nos dias de hoje, depois da descoberta de genes mestres, homologias profundas e conservação e muito mais; talvez até mesmo restrições de processos evolutivos/desenvolvimentais tão estreitos que "reproduzam a fita proteica da vida podem ser surpreendentemente repetitivos" (Poelwijk et al., 2007, p.113), em uma reinterpretação de uma famosa imagem de Stephen J. Gould, que havia sugerido que a fita da vida, se reproduzida, pudesse seguir uma variedade de caminhos. Como Michael Lynch (2007, p.67) observa:

> Sabemos há décadas que todos os eucariotos compartilham a maioria dos mesmos genes para transcrição, tradução, replicação, absorção de nutrientes, metabolismo do núcleo, estrutura do citoesqueleto e assim por diante. Por que esperaríamos algo diferente para o desenvolvimento?

Em uma revisão da abordagem evo-devo, Gerd Müller (2007, p.947) observa como nosso entendimento dos modelos de padrões de Turing se tornaram mais concretos. Ele afirma:

> As formas genéricas [...] resultam da interação de propriedades celulares básicas com diferentes mecanismos de formação de

padrões. A aderência diferencial e a polaridade da célula, quando modulada por diferentes tipos de mecanismos de padronização física e química, [...] levam a motivos organizacionais-padrão. [...] As propriedades de aderência diferencial e sua distribuição polar sobre superfícies celulares resultam em esferas ocas quando combinadas com um gradiente de difusão e em esferas invaginadas quando combinadas com um gradiente de sedimentação. [...] A combinação da aderência diferencial com um mecanismo de reação--difusão gera estruturas radialmente periódicas, ao passo que uma combinação com oscilação química resulta em estruturas periódicas em série. Planos corporais precoces de metazoários representam uma exploração de tais repertórios genéricos de padronização.

Por exemplo, o fato contingente de termos cinco dedos das mãos e cinco dedos dos pés pode ser mais bem explicado pela maneira como os dedos se desenvolvem do que por alguma razão que indique que cinco é uma quantidade ótima de dedos para sua função.[2]

O bioquímico Michael Sherman (2007, p.1873), de maneira um pouco mais controversa, afirma que um

genoma universal que codifique todos os principais programas de desenvolvimento essenciais para vários *phyla* de Metazoa surgiu em um organismo unicelular, ou em um organismo primitivo multicelular, pouco antes do Período Cambriano,

há cerca de 500 milhões de anos, quando houve uma explosão súbita de formas animais complexas. Sherman (2007, p.1875)

---

2 Como observam Ahouse e Berwick (1998), cinco dedos das mãos e dos pés não eram o número original de dedos em tetrápodes, e os anfíbios provavelmente nunca tiveram mais de quatro dedos (em geral três) nos pés dianteiro e traseiro. Na área da genética do desenvolvimento molecular, há uma explicação inteligente que mostra as razões por que há, no máximo, cinco tipos diferentes de dedos, mesmo se alguns sejam duplicados.

argumenta, além disso, que os muitos "*phyla* metazoários, todos com genomas semelhantes, são, no entanto, tão distintos porque utilizam combinações específicas de programas de desenvolvimento". De acordo com esse ponto de vista, existiria apenas um único animal multicelular, vendo de uma forma bastante abstrata – o ponto de vista que poderia ser tomado por um cientista marciano de uma civilização muito mais avançada quando estivesse observando os eventos na Terra. A variedade superficial resultaria, em parte, de vários arranjos de um "kit de desenvolvimento genético" evolutivamente conservado, como às vezes é chamado. Se ideias como essa estiverem no caminho certo, o problema da unidade e da diversidade será reformulado de uma forma que teria surpreendido algumas gerações de cientistas. Algum cuidado tem de ser tomado sobre em que medida esse "kit de ferramentas" conservado pode ser a única explicação para a uniformidade observada. Como dissemos, essa uniformidade observada surge apenas porque não houve tempo suficiente, e a ascendência contingente por descendência abre a possibilidade de explorar "até demais" o espaço genético-proteico-morfológico, sobretudo dada a virtual impossibilidade de "retroceder" e começar a busca novamente para maior sucesso. Dadas essas restrições inerentes, torna-se muito menos uma surpresa que os organismos sejam todos construídos de acordo com certo conjunto de Baupläne, como Stephen J. Gould, entre outros, já enfatizou. É nesse sentido que, se sofisticados cientistas marcianos vissem a Terra, eles provavelmente veriam apenas um único organismo, com muitas variações superficiais aparentes.

Essa uniformidade não passou despercebida na época de Darwin. Os estudos naturalistas de Thomas Huxley, colaborador muito próximo e divulgador de Darwin, levaram-no a observar, com alguma perplexidade, que parecem existir "linhas predeterminadas de modificação" que levam a seleção natural a "produzir variedades de número e espécie limitados" para cada espécie (Maynard Smith et al., 1985, p.266). De fato, o estudo das fontes e da natureza da possível variação constituiu uma grande parcela do próprio programa de pesquisa de Darwin após *A origem*, como resumido em seu livro *The Variation of Animals and Plants under Domestication* [A variação de animais e plantas sob o estado doméstico], de 1868. A conclusão de Huxley é uma reminiscência de ideais anteriores de "morfologia racional". Um exemplo famoso foram as teorias de Goethe sobre formas arquetípicas de plantas, revividas em parte na "revolução evo-devo". De fato, como dissemos antes, o próprio Darwin era sensível a essa questão e, como grande sintetizador que era, tratava com mais cuidado dessas "leis de crescimento e forma": as restrições e as oportunidades de mudança se devem aos detalhes do desenvolvimento, às associações casuais com outras características que podem ser fortemente selecionadas ou não e, finalmente, à seleção sobre o próprio traço. Darwin (1859, p.12) observou que tais leis de "correlação e equilíbrio" seriam de importância considerável para sua teoria, afirmando, por exemplo, que "gatos com olhos azuis são invariavelmente surdos".

Como vimos no Capítulo 1, quando a "Síntese Moderna", iniciada por Fisher, Haldane e Wright, tomou o controle da maior parte da última metade do século passado, a ênfase na teoria evolutiva pairou sobre eventos de micromutação e gradualismo, destacando-se o poder da seleção natural através de passos incrementais muito pequenos. Mais recentemente, no entanto, na Biologia Geral, o pêndulo tem se inclinado para uma combinação dos três fatores de Monod, levando-nos a novas maneiras de entender algumas das ideias tradicionais.

Voltemos à primeira das duas questões básicas: por que existe a linguagem, aparentemente uma autapomorfia? Como dissemos, muito recentemente, em tempo evolutivo, a pergunta não teria surgido, pois não havia línguas. Havia, é claro, uma abundância de sistemas de comunicação animal. Mas todos eles são radicalmente diferentes da linguagem humana em estrutura e função. A linguagem humana nem sequer se enquadra nas tipologias-padrão de sistemas de comunicação animal – ver Marc Hauser, por exemplo, em sua ampla revisão da evolução da comunicação (1997). Uma visão bastante convencional é tomar a linguagem como um sistema cuja função é a comunicação. Essa é, de fato, a visão difundida na maioria dos estudos considerando as origens da linguagem via seleção natural, que quase invariavelmente parte dessa interpretação. No entanto, na medida em que essa caracterização tem algum significado, isso parece estar incorreto, por uma variedade de razões que apontaremos a seguir.

A inferência que pode ser tirada de um "propósito" ou de uma "função" de um traço biológico a partir de sua forma superficial está sempre cheia de dificuldades. As observações de Lewontin em *The Triple Helix* [A tripla hélice] (2001, p.79) ilustram o quão difícil pode ser atribuir uma função única a um órgão ou a um traço, mesmo nos casos em que, a princípio, pareça se tratar de uma situação simples. Por exemplo, os ossos não têm uma "função" única e inequívoca. Embora seja verdade que os ossos suportam o corpo, permitindo-nos levantar e andar, eles também são um armazém de cálcio e medula óssea para a produção de novos glóbulos vermelhos, de modo que são, em certo sentido, parte do sistema circulatório. E isso também se aplica no caso da linguagem. Além do mais, sempre houve uma tradição alternativa, expressa por Burling (1993, p.25), entre outros, de que os seres humanos podem possuir um sistema de comunicação secundário como o de outros primatas, ou seja, um sistema não verbal de gestos ou mesmo chamados; contudo, isso não é linguagem, uma vez que, como observa Burling, "nosso sistema de comunicação primata remanescente permanece nitidamente distinto da linguagem".[3]

---

3 O trabalho de Laura Petitto (1987) sobre aquisição de línguas gestuais comprova essa afirmação de Burling, de maneira bastante dramática inclusive: o mesmo gesto que é usado para apontar serve para a referência pronominal, mas, nesse caso, o gesto é contraicônico na idade em que os bebês tipicamente invertem as referências dos pronomes *eu* e *você*.

A linguagem pode, é claro, ser usada para a comunicação, assim como qualquer aspecto do que fazemos cotidianamente: nosso estilo de vestir, nossos gestos etc. Mas ela também pode ser – e geralmente é – usada para muito mais do que a comunicação. Estatisticamente falando, o maior uso da língua, de longe, é interno, ou seja, para o pensamento. É preciso um enorme ato de vontade para evitar conversar consigo mesmo em cada momento em que estamos acordados – e também quando estamos dormindo –, um aborrecimento considerável, muitas vezes. O neurologista Harry Jerison (1973, p.55), entre outros, expressou uma visão mais forte, sustentando que "a linguagem não evoluiu como um sistema de comunicação. [...] A evolução inicial da linguagem mais provavelmente foi [...] para a construção de um mundo real", como uma "ferramenta para o pensamento". Não só na dimensão funcional, mas também em todos os outros aspectos-semânticos, sintáticos, morfológicos, fonológicos –, as propriedades nucleares da linguagem humana parecem diferir drasticamente dos sistemas de comunicação animal e são, em grande medida, únicas no mundo orgânico.

Como, então, esse objeto estranho apareceu no registro biológico, aparentemente dentro de uma janela evolutiva muito estreita? É claro que não há respostas definitivas, mas é possível esboçar o que parecem ser algumas especulações razoáveis, que se relacionam de forma íntima com o trabalho dos últimos anos na área de Biolinguística.

Seres humanos anatomicamente modernos são encontrados no registro fóssil de várias centenas de milhares de anos atrás, mas a evidência da capacidade humana é muito mais recente, não muito antes da saída da África. O paleoantropólogo Ian Tattersall (1998, p.59) relata que "um trato vocal capaz de produzir os sons do discurso articulado" existiu mais de meio milhão de anos antes de haver qualquer evidência de que nossos antepassados estivessem usando a linguagem. "Temos de concluir", ele escreve, "que o surgimento da linguagem e de seus correlatos anatômicos não foi impulsionado pela seleção natural, por mais benéficas que essas inovações possam parecer em retrospectiva" – uma conclusão que não levanta problemas para a Biologia Evolutiva--padrão, ao contrário do que vemos nas ilusões da literatura popular. Parece que o tamanho do cérebro humano atingiu seu nível atual recentemente, talvez cerca de 100 mil anos atrás, o que sugere a alguns especialistas que "a linguagem humana provavelmente evoluiu, pelo menos em parte, como uma consequência automática, mas adaptativa, do aumento do tamanho absoluto do cérebro" (Striedter, 2004, p.10). No Capítulo 1, observamos algumas das diferenças genômicas que poderiam ter levado a esse aumento no tamanho do cérebro; discutiremos outras no Capítulo 4.

Em relação à linguagem, Tattersall (2006, p.72) escreve que

> depois de um longo e mal compreendido período de expansão errática do cérebro e reorganização na linhagem humana, ocorreu algo que preparou o terreno para a aquisição da linguagem. Essa inovação teria dependido do fenômeno de emergência, pelo qual uma combinação casual de elementos preexistentes resulta em algo totalmente inesperado,

provavelmente "uma mudança neural [...] em alguma população da linhagem humana [...] um pouco menor em termos genéticos, [que] provavelmente não tivesse a ver com adaptação", embora conferisse vantagens, e então proliferasse. Talvez fosse uma consequência automática do tamanho absoluto do cérebro, como sugere Striedter, ou talvez alguma pequena mutação fortuita. Algum tempo depois – não muito tempo em termos evolutivos – surgiram outras inovações, talvez impulsionadas culturalmente, que originaram seres humanos comportamentalmente modernos, a cristalização da capacidade humana e a saída da África (cf. Tattersall, 1998, 2002, 2006).

O que foi essa mudança neural em algum pequeno grupo menor em termos genéticos? Para responder a essa questão, temos de considerar as propriedades especiais da linguagem. A propriedade mais elementar de nossa capacidade de linguagem compartilhada é que ela nos permite construir e interpretar uma infinidade discreta de expressões hierarquicamente estruturadas: discreta porque há frases de cinco palavras e frases de seis palavras, mas nenhuma frase de cinco palavras e meia; infinita porque não há uma frase que seja a frase mais longa da língua. A linguagem se baseia, portanto, em um procedimento recursivo gerativo que pega elementos básicos, como palavras, de um determinado estoque, o léxico, e aplica esse procedimento repetidas vezes para produzir expressões estruturadas, sem limite. Para explicar o surgimento da faculdade da linguagem – e, portanto, o surgimento e a existência de pelo menos uma língua –, temos de enfrentar duas tarefas básicas. Uma delas é explicar os "átomos da computação", ou seja, os itens lexicais – em geral na faixa de 30 mil-50 mil. A segunda é descobrir as propriedades computacionais da faculdade de linguagem. Essa tarefa, por sua vez, tem várias facetas: devemos procurar descobrir o procedimento gerativo que constrói infinitas expressões na mente, bem como os métodos pelos quais esses objetos mentais internos estão relacionados a duas *interfaces* com os sistemas linguísticos externos (mas internos ao organismo): o sistema de pensamento e o sistema sensório-motor, *externalizando*, assim, computações internas e pensamentos – os três componentes que descrevemos no Capítulo 1. Essa é uma maneira de reformular a concepção tradicional, que data pelo menos de Aristóteles, de que a linguagem é *som com significado*. Todas essas tarefas nos trazem problemas muito sérios, muito mais do que se acreditava no passado recente, ou mesmo hoje em dia.

Voltemos, então, para os elementos básicos da linguagem, começando com o procedimento gerativo, que, ao que parece, surgiu há algum tempo, talvez 80 mil anos atrás, apenas um piscar de olhos no tempo evolutivo, presumivelmente envolvendo uma ligeira reconfiguração do cérebro. Aqui a revolução evo-devo na Biologia se torna relevante. Ela apresentou provas convincentes de duas conclusões importantes. Uma delas é que a dotação genética, mesmo para sistemas regulatórios, é profundamente conservada. Uma segunda prova é que mudanças muito sutis podem produzir grandes diferenças no resultado observado – embora a variação fenotípica seja limitada, em virtude da conservação profunda dos sistemas genéticos e de leis da natureza do tipo pelo qual Thompson e Turing se interessaram. Para citar um exemplo simples e bem conhecido, existem dois tipos de peixe esgana-gata: com ou sem espinhas na pelve. Há cerca de 10 mil anos, uma mutação em um "interruptor" genético perto de um gene envolvido na produção de espinha foi responsável por diferenciar essas duas variedades, uma com espinhas e outra sem, uma adaptada aos oceanos e outra aos lagos (cf. Colosimo et al., 2004, 2005; Orr, 2005a).

Resultados muito mais abrangentes têm a ver com a evolução dos olhos, um tema intensamente estudado, que discutimos em detalhes no Capítulo 1. Acontece que existem poucos tipos de olhos, em parte por causa das restrições impostas pelas propriedades físicas da luz, em parte porque apenas uma categoria de proteínas, as moléculas de opsina, pode realizar as funções necessárias e também porque os eventos que levam à sua "captura" por células são aparentemente estocásticos em sua natureza. Os genes que codificam a opsina tiveram origens muito precoces e foram recrutados repetidamente, mas apenas de maneiras limitadas, mais uma vez por causa de restrições físicas. O mesmo acontece com as proteínas da lente ocular. Como observamos no Capítulo 1, a evolução dos olhos ilustra as interações complexas entre leis físicas, processos estocásticos e seleção natural, na escolha restrita a um canal físico estreito de possibilidades (Gehring, 2005).

O trabalho de Jacob e Monod, de 1961, sobre a descoberta do "operão" em *E. coli*, que lhes rendeu o Prêmio Nobel, levou à famosa citação de Monod (mencionado em Jacob, 1982, p.290): "O que é verdadeiro para o bacilo do cólon [*E. coli*] é verdadeiro para o elefante". Embora isso tenha sido interpretado como antecipação da moderna abordagem evo-devo, parece que o que Monod realmente quis dizer foi que a teoria da regulação negativa generalizada, sua e de François Jacob, deveria ser suficiente para explicar todos os casos de regulação genética. Talvez isso tenha sido uma supergeneralização. De fato, às vezes basta muito menos para o *feedback* negativo, já que um único gene pode ser negativamente regulado ou autorregulado. Além disso, agora sabemos que há mecanismos regulatórios adicionais. Na verdade, grande parte da moderna revolução evo-devo diz respeito à descoberta de métodos bem mais sofisticados para a regulação genética e para o desenvolvimento empregado pelos eucariotos. No entanto, a noção básica de Monod de que ligeiras diferenças no momento e no arranjo dos mecanismos reguladores que ativam os genes poderiam resultar em enormes diferenças mostrou-se correta, ainda que a maquinaria não tivesse sido antecipada. Foi Jacob (1977, p.26) quem forneceu um modelo sugestivo para o desenvolvimento de outros organismos baseado na noção de que, "graças a circuitos reguladores complexos", aquilo que "explica a diferença entre uma borboleta e um leão, entre uma galinha e uma mosca [...] é o resultado de mutações que alteraram os circuitos reguladores do organismo mais do que sua estrutura química". O modelo de Jacob, por sua vez, forneceu inspiração direta para a abordagem de "Princípios e Parâmetros" da linguagem, assunto discutido em palestras pouco tempo depois (cf. Chomsky, 1980, p.67).

A abordagem de Princípios e Parâmetros se baseia no pressuposto de que as línguas são constituídas por princípios fixos e invariantes, ligados a uma espécie de caixa com interruptores, os parâmetros. Esses parâmetros são as questões específicas de cada língua que a criança tem de responder com base nos dados apresentados, para fixar uma língua a partir da variedade limitada de línguas disponível – ou talvez, como afirma Charles Yang (2002), para determinar uma distribuição de probabilidade sobre as línguas, resultante de um procedimento de aprendizagem para a definição dos parâmetros. Por exemplo, a criança tem de determinar se a língua a que está exposta tem "núcleo à esquerda", como o inglês e o português, línguas em que os elementos nucleares precedem seus objetos, como em *read books* ou *ler livros*, ou se a língua tem "núcleo à direita", como o japonês, em que temos *livros ler* ("*hon-o yomimasu*"). Como acontece no caso (um tanto análogo) de rearranjo de mecanismos reguladores, essa abordagem sugere um modelo para entendermos como a "unidade essencial" poderia ter a aparência de "diversidade ilimitada", tal como se supunha há algum tempo no caso da linguagem (assim como para os organismos biológicos em geral).

O programa de pesquisa de Princípios e Parâmetros é muito frutífero, produzindo uma nova e rica compreensão sobre línguas tipologicamente muito diversificadas, abordando questões que nunca haviam sido consideradas e, às vezes, fornecendo respostas. Não é exagero dizer que mais se aprendeu sobre as línguas nos últimos 25 anos do que nos milênios anteriores de investigação séria sobre a linguagem. Com relação às duas questões salientes com as quais começamos, nossa abordagem sugere que (i) o que emergiu, de forma bastante repentina em termos evolucionários, foi o procedimento gerativo que fornece os princípios e (ii) a diversidade das línguas resulta do fato de que os princípios não determinam as respostas para todas as perguntas sobre a linguagem, mas deixam algumas perguntas como parâmetros abertos. Observe que o único exemplo que demos tem relação com ordenação (de palavras e constituintes na frase). Embora a questão seja contestada, parece que há, até agora, substancial evidência linguística de que a ordenação se restringe à externalização da computação interna ao sistema sensório-motor e não desempenha nenhum papel no núcleo sintático ou semântico, uma conclusão para a qual também há diversas evidências biológicas de uma espécie familiar aos biólogos convencionais, como veremos a seguir.

A suposição mais simples – por isso aquela que adotamos, a menos que apareçam evidências contrárias – é que o procedimento gerativo emergiu de repente como resultado de uma mutação menor. Nesse caso, seria de esperar que esse procedimento gerativo fosse muito simples. Vários tipos de procedimentos gerativos foram explorados nos últimos cinquenta anos. Uma abordagem familiar para linguistas e cientistas da computação é a gramática de estrutura sintagmática, desenvolvida na década de 1950 e extensivamente empregada desde então. Essa abordagem faz sentido no momento. Ela se encaixou de modo muito natural com uma das várias formulações equivalentes da teoria matemática dos procedimentos recursivos – os sistemas de reescrita de Emil Post – e captou pelo menos algumas propriedades básicas da linguagem, como estrutura hierárquica e o encaixamento. No entanto, muito rápido se reconheceu que a gramática de estrutura sintagmática não apenas é inadequada para dar conta da linguagem, como também é demasiado complexa, com muitas estipulações arbitrárias – não o tipo de sistema que esperamos encontrar. Além disso, ela provavelmente não surgiu de repente.

Ao longo dos anos, a pesquisa encontrou maneiras de reduzir as complexidades desses sistemas e, por fim, eliminá-las por completo. Em seu lugar, chegamos ao modo mais simples possível de geração recursiva: uma operação que leva dois objetos já construídos (chamemo-los de X e Y) e que forma, a partir desses objetos, um novo objeto que consiste nos dois inalterados; ou seja, apenas um conjunto com X e Y como membros. Chamamos essa operação ótima de *Merge*. Uma vez fornecidos os átomos conceituais do léxico, a operação *Merge*, repetida sem limites, produz uma infinidade de expressões digitais estruturadas de maneira hierárquica. Se essas expressões podem ser sistematicamente interpretadas na interface com o sistema conceitual, esse processo fornece uma "linguagem de pensamento" interna.

Uma tese de muito peso, denominada *Tese Minimalista Forte* (TMF), afirma que o processo gerativo é ótimo: os princípios da linguagem são determinados pela computação eficiente, e a linguagem se mantém na operação recursiva mais simples projetada para satisfazer as condições de interface de acordo com princípios independentes de computação eficiente. Nesse sentido, a linguagem é algo como um floco de neve, assumindo sua forma particular em virtude de leis da natureza – os princípios de eficiência computacional, no caso –, uma vez que o modo básico de construção está disponível e está satisfazendo quaisquer condições impostas nas interfaces. A tese básica é expressa no título de uma coleção de ensaios técnicos: *Interfaces + Recursion = Language?* [interfaces + recursão = linguagem?] (Sauerland; Gärtner, 2007). Otimamente, a recursividade pode ser reduzida a *Merge*. O ponto de interrogação no título é bastante apropriado, já que as questões surgem na fronteira da pesquisa atual. Sugerimos que há uma assimetria significativa entre as duas interfaces: a interface "semântico – pragmática" (o vínculo com os sistemas de pensamento e ação) tem primazia. Outra questão de pesquisa, séria e difícil, é determinar o quão ricas essas condições externas podem ser, dada a escassez de evidências sobre esses sistemas de avaliação independentes da linguagem. Uma tese muito forte, sugerida por Wolfram Hinzen (2006), é que componentes centrais do pensamento, tais como proposições, derivam do procedimento gerativo construído otimamente. Se essas ideias puderem ser melhoradas e validadas, então o efeito da interface semântico – pragmática no design da linguagem seria correspondentemente reduzido.

A TMF está muito longe de ser demonstrada, mas parece muito mais plausível do que parecia alguns anos atrás. Ela está correta em dizer que a evolução da linguagem reduz-se ao surgimento de *Merge*, à evolução dos átomos conceituais do léxico, à vinculação aos sistemas conceituais e ao modo de externalização. Qualquer resíduo de princípios da linguagem que não sejam redutíveis a *Merge* e à computação ótima terá de ser explicado por algum outro processo evolutivo – provavelmente algum processo sobre o qual não saberemos muito, pelo menos se estudado por métodos compreendidos hoje, como observa Lewontin (1998).

Repare que não há espaço para quaisquer precursores da linguagem – como um sistema de linguagem com apenas frases curtas. Não há razão para pensarmos em um sistema assim projetado: passar de frases de sete palavras para a infinitude discreta da linguagem humana requer o surgimento do mesmo procedimento recursivo para ir de zero a infinito e, evidentemente, não há evidência direta de tais "protolínguas". Observações semelhantes valem para a aquisição de linguagem, apesar das aparências, uma questão que deixamos de lado aqui.

De forma crucial, *Merge* também consegue dar conta da propriedade familiar de deslocamento encontrada na linguagem: o fato de que pronunciamos determinados sintagmas em uma posição, mas os interpretamos em outra. Assim, na frase *Adivinhe o que João está comendo*, entendemos que *o que* deve ser o objeto do verbo *comer*, como em *João está comendo uma maçã*, ainda que seja pronunciado em outro lugar. Essa propriedade sempre pareceu paradoxal – uma espécie de "imperfeição" da linguagem. Ela não é necessária para capturar fatos semânticos, ainda que seja uma propriedade onipresente. Ela ultrapassa a capacidade das gramáticas de estruturas sintagmáticas, exigindo que elas se tornem ainda mais complicadas, com dispositivos adicionais. Mas se adequa à TMF automaticamente.

Para entender como isso acontece, suponha que a operação *Merge* tenha construído a expressão mental correspondente a *João está comendo o que*. Dados dois objetos sintáticos X e Y, *Merge* pode construir uma expressão maior (há apenas duas maneiras logicamente possíveis): ou X e Y são disjuntos, ou então um é parte do outro. Chamamos o primeiro caso de *Merge Externo* (ME) e o segundo de *Merge Interno* (MI). Se temos que Y = a expressão correspondente a *o que* e X = a expressão correspondente a *João está comendo o que*, então Y é uma parte de X (um subconjunto de X, ou um subconjunto de um subconjunto de X etc.). Então, MI pode adicionar algo de dentro da expressão, e podemos ter como *output* de uma operação de *Merge* a estrutura maior correspondente a *o que João está comendo o que*. No próximo passo da derivação, suponha que temos Y = algo novo, como *adivinhar*. Então X = *o que John está comendo o que* e Y = adivinhar, e X e Y são disjuntos. Então se aplica *Merge Externo*, gerando *adivinhe o que John está comendo o que*.

Isso nos direciona parcialmente para o deslocamento. Em *o que João está comendo o que*, o sintagma *o que* aparece em duas posições e, na verdade, essas duas posições são necessárias para a interpretação semântica: a posição original dá a informação de que *o que* é entendido como o objeto direto de *comer*, e a nova posição, na margem, é interpretada como sendo um quantificador atuando sobre uma variável, de modo que a expressão significa algo como "para a coisa x, João está comendo a coisa x".

Essas observações se generalizam em uma ampla gama de construções. Os resultados são exatamente aquilo de que a interpretação semântica necessita, mas não produzem os objetos que são pronunciados. Ou seja, não pronunciamos *adivinhe o que João está comendo o que*, mas *adivinhe o que João está comendo*, com a posição original suprimida. Essa é uma propriedade universal do deslocamento, com qualificações menores (e interessantes) que podemos ignorar aqui. Essa propriedade decorre de princípios elementares de eficiência computacional. De fato, observa-se com frequência que a atividade motora serial é computacionalmente cara, uma matéria atestada pela grande quantidade de córtex motor dedicada tanto ao controle motor das mãos quanto dos gestos articulatórios orofaciais.

Para externalizar a expressão gerada internamente, *o que João está comendo o que*, seria necessário pronunciar *o que* duas vezes, e isso acaba por colocar um fardo muito considerável na computação, quando analisamos as expressões de complexidade normal e a natureza real do deslocamento por meio de *Merge Interno*. Com todas menos uma das ocorrências de *o que* suprimidas, a carga computacional é grandemente aliviada. A ocorrência pronunciada é a mais proeminente, a última criada pela operação de *Merge Interno*: caso contrário, não haveria nenhum indicativo de que a operação tenha se aplicado para produzir a interpretação correta. Parece então que a faculdade de linguagem recruta um princípio geral de eficiência computacional para o processo de externalização.

O apagamento de todas as ocorrências do elemento deslocado, exceto uma, é computacionalmente eficiente, mas impõe um fardo significativo na interpretação e, portanto, na comunicação. A pessoa que ouve a sentença tem de descobrir a posição da lacuna onde o elemento deslocado deve ser interpretado. Esse é um problema não trivial, bem conhecido por programas de *parsing*. Há, então, um conflito entre eficiência computacional e eficiência interpretativo-comunicativa. Universalmente, as línguas resolvem o conflito a favor da eficiência computacional. Esses fatos sugerem imediatamente que a linguagem evoluiu como um instrumento de pensamento interno, com a externalização sendo um processo secundário. Há uma grande quantidade de evidências no design da linguagem que leva a conclusões semelhantes: as chamadas propriedades de ilhas, por exemplo.

Existem razões independentes para concluir que a externalização é um processo secundário. Uma delas é que a externalização parece ser independente da modalidade, como foi aprendido a partir de estudos de línguas gestuais. As propriedades estruturais de línguas faladas e de línguas gestuais são notavelmente semelhantes. Além disso, a aquisição, tanto de línguas faladas como gestuais, apresenta o mesmo curso de desenvolvimento – e a localização neural parece ser semelhante nos dois casos também. Isso tende a reforçar a conclusão de que a linguagem é otimizada para o sistema de pensamento, com o modo de externalização sendo algo secundário.

Repare, ademais, que as restrições sobre a externalização na modalidade auditiva também parecem se manter no caso da modalidade visual em línguas gestuais. Mesmo que não haja restrições físicas que impeçam alguém de "dizer" com uma mão que *João gosta de sorvete* e com a outra mão que *Mary gosta de cerveja*, uma das mãos parece ser sempre a mão dominante e forma frases (através de gestos) em uma ordenação da esquerda para a direita, linearizada da mesma forma como na externalização das línguas orais (ao passo que a mão não dominante acrescenta marcadores de ênfase, marcas morfológicas etc.).

De fato, parece possível fazer uma afirmação muito mais categórica: todas as pesquisas biológicas e evolutivas relevantes publicadas recentemente levam à conclusão de que o processo de externalização é secundário. Isso inclui as recentes e bastante divulgadas descobertas de elementos genéticos supostamente envolvidos na linguagem, em específico o gene regulador *FOXP2*. O *FOXP2* está relacionado com uma desordem de linguagem altamente hereditária, a dispraxia verbal. Desde essa descoberta, o *FOXP2* tem sido analisado cuidadosamente de um ponto de vista evolutivo. Sabemos que existem duas pequenas diferenças de aminoácidos entre a proteína humana *FOXP2* e a de outros primatas e mamíferos não humanos. As alterações correspondentes no *FOXP2* foram postuladas como alvos de seleção natural positiva recente, talvez concomitante com a emergência da linguagem (cf. Fisher et al., 1998; Enard et al., 2002). O *FOXP2* humano, neandertal e denisovano parece ser idêntico, ao menos no que diz respeito às duas regiões que, pensamos, são suscetíveis à seleção positiva. Isso pode nos dizer algo sobre o momento em que a linguagem poderia ter surgido, ou pelo menos pode indicar algo sobre os pré-requisitos genômicos para a emergência da linguagem na linhagem *Homo* (cf. Krause et al., 2007). No entanto, essa conclusão continua sendo matéria de algum debate, tal como discutido nos Capítulos 1 e 4.

Poderíamos também perguntar se esse gene tem, de fato, uma relação central com a linguagem ou – como nos parece mais plausível – se ele faz parte do processo de externalização secundária. Descobertas em pássaros e camundongos nos últimos anos apontam para um "consenso emergente" de que esse gene não é parte do plano da sintaxe interna, a faculdade da linguagem estrita, e quase com certeza não se trata de um hipotético "gene da linguagem" (da mesma maneira que não existe um único gene responsável pela cor dos olhos ou pelo autismo); antes, ele parece ser parte da maquinaria regulatória relacionada à externalização (cf. Vargha-Khadem et al., 2005; Groszer et al., 2008). O *FOXP2* auxilia no desenvolvimento de controle da motricidade fina em série, orofacial ou não: a capacidade de literalmente colocar um "som" ou "gesto" no lugar, um após o outro, em uma linha temporal.

Sobre isso, é importante notar que os membros da família KE em que essa desordem foi originalmente isolada apresentam dispraxia motora bastante geral, não localizada apenas em seus movimentos orofaciais. Estudos recentes, em que um gene *FOXP2* mutado foi construído para replicar os defeitos encontrados na família KE e então inserido em camundongos, confirmam esse ponto de vista:

> Nós achamos que camundongos heterozigotos com FOXP2--R552H exibem deficits sutis mas altamente significativos na aprendizagem de habilidades motoras rápidas. [...] Esses dados são consistentes com as propostas de que as faculdades de fala humana recrutam circuitos neurais evolutivamente antigos envolvidos na aprendizagem motora. (Groszer et al., 2008, p.359)

No Capítulo 1, também revisamos evidências recentes de camundongos transgênicos, sugerindo que o desenvolvimento neural alterado associado ao *FOXP2* poderia estar relacionado com a transferência de conhecimento declarativo para a memória procedural (Schreiweis et al., 2014). Isso está de acordo com a visão do motor de aprendizagem serial, mas ainda não estamos falando da linguagem humana *tout court*. Se esse ponto de vista está no caminho certo, então o *FOXP2* é mais parecido com o projeto que auxilia a manufatura de um sistema de *input-output* de um computador (como uma impressora), ao invés de fazer parte do projeto de manufatura do processador central do computador em si. Seguindo esse ponto de vista, o que deu errado nos membros da família KE foi, portanto, algo relacionado ao sistema de externalização (a "impressora") e não à própria faculdade da linguagem central. Se isso for de fato assim, então as análises evolutivas que sugerem que esse fator de transcrição esteve sob seleção positiva há aproximadamente 100 mil-200 mil anos poderiam de fato ser bastante inconclusivas sobre a evolução dos componentes centrais da faculdade da linguagem, a saber: a sintaxe e o mapeamento para a interface "semântica" (a interface conceitual-intencional). É difícil determinar a sequência causal: a ligação entre *FOXP2* e a coordenação motora serial de alto grau pode ser considerada um substrato oportunista de pré-requisito para a externalização, independentemente da modalidade (como é comum nos cenários evolutivos), ou o resultado da pressão seletiva para "soluções" de externalização eficientes depois que *Merge* tenha aparecido. Em ambos os casos, *FOXP2* torna-se parte de um sistema extrínseco ao núcleo sintaxe/semântica.

Há mais evidências de Michael Coen (2006; comunicação pessoal) no que diz respeito à coordenação serial em vocalizações. Essas evidências sugerem que o controle motor serial discreto pode ser simplesmente um substrato comum a todos os mamíferos e, possivelmente, a todos os vertebrados. Se for assim, então toda a história sobre o *FOXP2* – e sobre a externalização motora de modo geral – fica ainda mais distante da evolução do núcleo sintático/semântico. A evidência vem da constatação de que todos os mamíferos testados (pessoas, cães, gatos, focas, baleias, babuínos, macacos tamarindo, camundongos) e vertebrados não relacionados (corvos, pintassilgos, sapos etc.) possuem o que antes era atribuído apenas ao sistema de externalização humano: cada um dos repertórios vocais dessas várias espécies vem de um conjunto finito de "fonemas" distintivos (ou, mais precisamente, "cantemas" no caso de aves, "latidemas" no caso de cães etc.). A hipótese de Coen é que cada espécie possui um número finito de produções articulatórias (por exemplo, fonemas) que são geneticamente limitadas por sua fisiologia, de acordo com princípios como minimização da energia durante a vocalização, restrições físicas particulares, entre outros. Isso se aproxima da visão de Kenneth Stevens sobre a natureza quantal da produção da fala (cf. Stevens, 1972, 1989).

Nessa perspectiva, qualquer espécie utiliza um subconjunto de sons primitivos específicos à espécie para gerar as vocalizações comuns a ela. (Não se esperaria que cada animal usasse todos os sons de sua espécie, tal como nenhuma pessoa emprega todos os fonemas possíveis.) Sendo assim, nosso hipotético cientista marciano concluiria que, mesmo no nível da externalização periférica, há uma linguagem humana, uma linguagem canina, uma linguagem de sapos etc. Conforme mencionamos no Capítulo 1, a afirmação de Coen parece ter sido confirmada por experiências em pelo menos uma espécie de pássaro – ver Comins e Gentner (2015).

Resumindo, até agora a maior parte da evidência nos sugere que o gene *FOXP2* não trata da questão da faculdade central da linguagem humana. Do ponto de vista explicativo, isso o torna diferente do caso da anemia falciforme, em que uma falha genética gera diretamente o traço anômalo: a formação de uma proteína anormal de hemoglobina e a consequente distorção dos glóbulos vermelhos. Sendo assim, a explicação "para" o fenótipo central da linguagem pode ser ainda mais indireta e difícil do que Lewontin (1998) esboçara.[4]

De fato, em muitos aspectos, esse foco no *FOXP2* e na dispraxia é muito semelhante ao enfoque quase universal da "linguagem como meio de comunicação".[5] Ambos os esforços examinam propriedades aparentemente exclusivas apenas do processo de externalização, que, conjecturamos, não faz parte da faculdade central da linguagem humana. Nesse sentido, ambos os esforços são mal dirigidos, não revelando os cálculos internos da mente/cérebro. Ao declarar expressamente a distinção entre *sintaxe interna* e *externalização*, muitas direções de pesquisa podem ser abertas, e novas previsões concretas e testáveis são apresentadas sobretudo a partir de uma perspectiva biológica, como ilustra o exemplo de produções vocais de animais.

Voltando aos princípios centrais da linguagem, a operação ilimitada de *Merge* – e, portanto, de deslocamento – pode ter

---

4 Repare que o argumento ainda permanece válido se supusermos que existe outra possibilidade: que o *FOXP2* construa parte do sistema de *input-output* para a aprendizagem vocal, em que se deve externalizar e então reinternalizar a música/a linguagem – isto é, cantar ou falar consigo mesmo. Isso continuaria a ser uma maneira de "canalizar" itens para dentro e para fora do sistema interno e serializá-los, possivelmente um componente crítico para ter certeza, no mesmo sentido que alguém poderia exigir de um computador alguma maneira de imprimir algum material.

5 Isso se assemelha a prestar atenção apenas aos diferentes meios pelos quais uma televisão LCD e uma daquelas antigas TVs de tubo exibem imagens em movimento, sem prestar atenção à imagem que está sendo exibida. As antigas TVs "pintavam" uma imagem varrendo um feixe de elétrons sobre um conjunto de pontos químicos que poderiam ou não brilhar. As telas de cristal líquido funcionam de maneira completamente diferente: *grosso modo*, elas passam, ou não, a luz através de um conjunto de pontos de cristais líquidos, dependendo de uma carga elétrica aplicada a cada "ponto", mas não há um feixe único de varredura. Gera-se a mesma imagem plana por meios completamente diferentes. Da mesma forma, é irrelevante para as representações "internas" mais importantes que os espaços lineares de tempo externalizados estejam sendo enviados por comandos motores para o trato vocal ou pelo movimento dos dedos.

surgido de algo tão simples como uma ligeira reconfiguração do cérebro, talvez apenas uma leve extensão da "fiação" cortical já existente, como mostraremos no Capítulo 4. Esse tipo de mudança está, na verdade, bem próximo do que dizem Ramus e Fisher (2009, p.865):

> Mesmo que a linguagem seja verdadeiramente nova em um sentido cognitivo, é provável que seja muito menos nova em termos biológicos. Por exemplo, uma alteração em um único gene que produz uma molécula de sinalização (ou um receptor, um canal etc.) poderia desencadear a criação de novas ligações entre duas áreas cerebrais existentes. Mesmo uma área inteiramente nova do cérebro poderia evoluir relativamente, apenas por ter um fator de transcrição modificado antes de definir novas fronteiras no córtex, empurrar áreas previamente existentes e criar as condições moleculares para uma nova forma de córtex, no sentido de Brodmann: ainda as seis camadas básicas, mas com diferentes importâncias relativas, diferentes padrões de conectividade interna e externa e diferentes distribuições de tipos de neurônios através das camadas. Trata-se essencialmente de uma nova variação quantitativa em um plano de construção muito geral, que requer pouca coisa nova em termos de material genético, mas essa área poderia, mesmo assim, apresentar novas propriedades de *input/output* que, com as conexões adequadas de *input* e *output*, poderiam executar uma função de processamento informacional completamente nova, de grande importância para a linguagem.

Como uma característica inovadora, ela apareceria em apenas um pequeno número de cópias, como discutimos no Capítulo 1. Os indivíduos dotados com essa nova característica teriam tido muitas vantagens: capacidades para o pensamento complexo, planejamento, interpretação etc. A capacidade seria, presumivelmente, em parte transmitida à prole e, devido às vantagens seletivas que ela confere, poderia vir a dominar um pequeno grupo de reprodução. No entanto, pode-se recordar o que vimos no Capítulo 1: para todas as novas mutações ou traços, há sempre um problema sobre como um número inicialmente pequeno de cópias de tal variante pode escapar à perda estocástica, mesmo sendo uma vantagem seletiva.

Como essa característica benéfica se espalhou pela população, haveria então uma vantagem para a externalização, de modo que a capacidade estaria ligada (como um processo secundário) ao sistema sensório-motor para a externalização e para a interação, incluindo a comunicação como um caso especial. Não é fácil imaginar um relato da evolução humana que não assuma isso de uma forma ou de outra. Qualquer suposição adicional requer evidências e análise racional, o que não são fáceis de encontrar.

A maioria das alternativas, de fato, postula suposições adicionais, fundamentadas no ponto de vista da "linguagem como meio de comunicação", presumivelmente relacionadas à externalização, como vimos. Számado e Szathmáry (2006) listam o que consideram as principais teorias alternativas que explicam o surgimento da linguagem humana. Aí estão incluídas as seguintes ideias: (1) linguagem como fofoca; (2) linguagem como preparação social (*social grooming*); (3) linguagem como consequência da cooperação durante a caça; (4) linguagem como resultado do "manhês" ou *baby-talk*; (5) seleção sexual; (6) linguagem como requisito de troca de informações de status; (7) linguagem como música; (8) linguagem como requisito para a fabricação de ferramentas ou como resultado da fabricação de ferramentas; (9) linguagem como produto de sistemas gestuais; (10) linguagem como um dispositivo maquiavélico de engodo; e, por fim, (11) linguagem como uma "ferramenta mental interna".

Repare que apenas a última teoria, a linguagem como ferramenta mental interna, não assume, de forma explícita ou implícita, que a função primária da linguagem é a comunicação externa. Contudo, isso nos leva a uma espécie de paradoxo adaptativo, já que a sinalização animal deveria ser suficiente – o mesmo problema que Wallace havia apontado. Számado e Szathmáry (2006, p.679) observam:

A maioria das teorias não considera o tipo de forças seletivas que poderiam encorajar o uso da comunicação convencional em um dado contexto ao invés do uso de sinais animais "tradicionais". [...] Assim, não há nenhuma teoria que apresente de maneira convincente uma situação que poderia exigir um meio complexo de comunicação simbólica, no lugar dos sistemas de comunicação mais simples já existentes.

Eles ainda observam que a teoria da linguagem como ferramenta mental não sofre com esse defeito. No entanto, como a maioria dos pesquisadores na área, eles parecem não perceber a inferência óbvia e mantêm um foco na externalização e na comunicação.

Propostas sobre a primazia da linguagem interna – semelhantes à observação de Harry Jerison, já observada, de que a linguagem é uma "ferramenta interna" – também foram feitas por eminentes biólogos evolucionistas. Em uma conferência internacional sobre Biolinguística em 1974, o vencedor do Prêmio Nobel, Salvador Luria (1974), foi o defensor mais incisivo da visão de que as necessidades comunicativas não teriam proporcionado "grande pressão seletiva para produzir um sistema como a linguagem", tendo sua relação principal com "o desenvolvimento do pensamento abstrato ou produtivo". A mesma ideia foi retomada por François Jacob (1982, p.58), sugerindo que "o papel da linguagem como sistema de comunicação entre os indivíduos teria ocorrido apenas de forma secundária. [...] A qualidade da linguagem que a torna única não parece tanto ser seu papel na comunicação de diretivas de ação" ou outras características comumente encontradas na comunicação animal, mas sim "seu papel em simbolizar, evocando imagens cognitivas", moldando nossa noção da realidade e nossa capacidade de pensamento e planejamento, através de sua propriedade única de permitir "infinitas combinações de símbolos" e, portanto, "a criação mental de mundos possíveis". Essas ideias remontam à revolução cognitiva do século XVII, que, em muitos sentidos, antecipam desenvolvimentos da década de 1950.

Podemos, no entanto, ir além da especulação. A investigação do design da linguagem pode produzir evidências sobre a relação da linguagem com o sistema sensório-motor e com os sistemas de pensamento. Conforme já apontamos aqui, acreditamos que há evidências crescentes para apoiar a conclusão natural de que a relação é assimétrica, tal como ilustramos com o caso crítico da propriedade de deslocamento.

A externalização não é uma tarefa simples. Ela tem de relacionar dois sistemas bastante distintos: o sistema sensório-motor, que parece estar basicamente intacto por centenas de milhares de anos; e o sistema computacional, um sistema recente que surgiu para o pensamento, um sistema perfeito, se a Tese Minimalista Forte estiver correta. Assim, poderíamos esperar que a morfologia e a fonologia – os processos linguísticos que convertem os objetos sintáticos internos em entidades acessíveis ao sistema sensório-motor – pudessem ser bastante complexas, variadas e sujeitas a acontecimentos históricos acidentais. A parametrização e a diversidade, então, seriam em grande parte – ou talvez até mesmo completamente – restritas à externalização. E isso é muito parecido com o que de fato encontramos: um sistema computacional que gera de forma eficiente expressões interpretáveis na interface semântica/pragmática, com a diversidade sendo resultante de modos complexos e altamente variados de externalização, que, além disso, são facilmente suscetíveis a mudanças históricas.[6]

---

6 Propor uma "linguagem do pensamento" independente e recursiva como um meio para explicar a recursividade na sintaxe levaria a uma regressão explicativa. Além disso, seria algo desnecessário e um tanto obscuro. Esse é um problema com muitos estudos sobre a origem da linguagem que, de alguma forma, pressupõem o mesmo trabalho de composição que *Merge* realiza.

Se essa imagem for mais ou menos precisa, podemos ter uma resposta para a segunda das duas questões básicas feitas no início deste capítulo: por que existem tantas línguas? A razão talvez seja que o problema da externalização pode ser resolvido de muitas maneiras diferentes e independentes, antes ou depois da dispersão da população original. Não temos razão para supor que resolver o problema de externalização requeira uma mudança evolutiva – isto é, uma mudança genômica. Pode ser apenas um problema abordado pelos processos cognitivos existentes, de maneiras diferentes e em momentos diversos. Às vezes, há uma tendência infeliz de se confundir a mudança literal evolutiva (genômica) com a mudança histórica – dois fenômenos completamente distintos. Como já foi observado, há evidências muito fortes de que não houve evolução relevante da faculdade de linguagem desde o êxodo da África há cerca de 60 mil anos, embora, sem dúvida, tenha havido muita mudança, até mesmo a invenção de novos modos de externalização (como no caso das línguas gestuais). A confusão sobre esses assuntos poderia ser superada ao substituirmos as noções metafóricas de "evolução da linguagem" e "mudança linguística" por suas contrapartidas mais exatas: a evolução dos organismos que usam a linguagem e a mudança na forma como o fazem. Nesses termos mais precisos, o aparecimento da faculdade da linguagem envolveu a evolução, enquanto a mudança histórica (que continua constantemente) não.

Mais uma vez, essas parecem ser as suposições mais simples, e não há razão conhecida para rejeitá-las. Se elas estão no caminho certo, segue-se que a externalização pode não ter evoluído em tudo; ao invés disso, pode ter sido um processo de resolução de problemas usando capacidades cognitivas existentes encontradas em outros animais. A evolução, no sentido biológico do termo, seria então restrita às mudanças que produziram *Merge* e a Propriedade Básica, e também a qualquer resíduo que resista à explicação da Tese Minimalista Forte e quaisquer restrições específicas que possam existir sobre solução do problema cognitivo de externalização. Por consequência, qualquer abordagem sobre a "evolução da linguagem" que se concentra na comunicação, ou no sistema sensório-motor, ou nas propriedades estatísticas da linguagem falada etc. pode estar seriamente equivocada. Esse julgamento abrange uma vasta gama de estudos, como os leitores familiarizados com a literatura sobre o assunto já sabem.

Voltando às duas primeiras questões, temos pelo menos algumas sugestões – bem razoáveis, em nossa opinião – sobre (i) como existe apenas uma única linguagem e sobre (ii) por que as línguas parecem variar de forma tão ampla – a questão (ii) está parcialmente baseada em uma ilusão, tal como a aparente variedade ilimitada existente de organismos, todos, na verdade, tendo como base elementos conservados profundamente, com resultados fenomenais restritos pelas leis da natureza (no caso da linguagem, a eficiência computacional).

Outros fatores podem influenciar fortemente o design da linguagem, sobretudo as propriedades do cérebro, agora desconhecidas –, e há muito mais a dizer sobre os tópicos a que aludimos aqui. Entretanto, ao invés de prosseguirmos com essas questões, falemos brevemente sobre os itens lexicais – os átomos conceituais do pensamento – e sua externalização final em diferentes maneiras.

Estruturas conceituais são encontradas em outros primatas: provavelmente esquemas de ator-ação-meta, categorização, talvez a distinção singular-plural, entre outras. Essas estruturas supostamente foram "recrutadas" para a linguagem, embora os recursos conceituais dos seres humanos que entram no uso da linguagem sejam muito mais ricos. Em termos específicos, até mesmo os "átomos" de computação, os itens/conceitos lexicais, parecem ser exclusivamente humanos.

Crucialmente, nem mesmo as palavras e os conceitos mais simples da linguagem e do pensamento humanos têm alguma relação com as entidades independentes da mente que aparecem como características da comunicação animal. Essas entidades independentes da mente parecem estar baseadas em uma relação do tipo "um-para-um", entre os processos da mente/cérebro e "um aspecto do ambiente ao qual esses processos adaptam o comportamento do animal", citando o neurocientista cognitivo Randy Gallistel (1990, p.1-2), em sua introdução a uma importante coleção de artigos sobre a cognição animal. De acordo com Jane Goodall (1986, p.125), a observadora que esteve mais próxima de chimpanzés na natureza, "a produção de um som na *ausência* do estado emocional apropriado parece ser uma tarefa quase impossível".

Os símbolos da linguagem humana e do pensamento são muito diferentes. Seu uso não está automaticamente condicionado por estados emocionais, e eles não dependem de objetos independentes da mente ou eventos no mundo externo. Para a linguagem e o pensamento, ao que parece, não há uma relação de *referência*, no sentido de Frege, Peirce, Tarski, Quine e da filosofia contemporânea da linguagem e da mente. O que entendemos ser um rio, uma pessoa, uma árvore, a água etc. consistentemente acaba sendo uma criação do que os pesquisadores do século XVII chamam de "poderes cognoscitivos" humanos, que nos fornecem ricos meios para nos referirmos ao mundo exterior a partir de perspectivas complexas. Como o influente neoplatônico Ralph Cudworth (1731, p.267) afirmou, é somente por meio das "ideias internas (*inward ideas*)" produzidas por seu "poder cognoscitivo inato" que a mente é capaz de "conhecer e entender todas as coisas individuais externas", articulando ideias que influenciaram Kant. Os objetos de pensamento construídos pelos poderes cognoscitivos não podem ser reduzidos a uma "pertença peculiar da natureza" sobre a coisa de que estamos falando, como David Hume resumiu um século de pesquisa. Nesse sentido, os símbolos conceituais internos são como as unidades fonéticas das representações mentais, como a sílaba [ba]; cada ato particular externalizando esse objeto mental produz uma entidade independente da mente, mas é ocioso procurar uma construção independente da mente que corresponda à sílaba. A comunicação não se resume à produção de alguma entidade externa à mente, algo que o ouvinte pode "pegar" do mundo, tal como um físico faria. Ao contrário, a comunicação é um arranjo "mais ou menos", em que o falante produz eventos externos e os ouvintes tentam entendê-los da melhor forma possível, comparando-os com seus próprios recursos internos. Palavras e conceitos parecem ser semelhantes nesse quesito, até mesmo as palavras e os conceitos mais simples. A comunicação se baseia em poderes cognoscitivos compartilhados e se torna bem-sucedida na medida em que as construções mentais compartilhadas, o *background*, as preocupações, as pressuposições etc. permitem que as perspectivas em comum sejam (mais ou menos) alcançadas. Essas propriedades dos itens lexicais parecem ser exclusivas da linguagem e do pensamento humanos e devem ser, de alguma forma, explicadas no estudo de sua evolução. Como? Ninguém tem ideia. O mero fato de que existe um problema foi reconhecido recentemente, como resultado do poderoso domínio das doutrinas do referencialismo, ou seja, a doutrina de que há uma relação "palavra-objeto", na qual os objetos são extramentais.

Os poderes cognoscitivos humanos nos proporcionam um mundo de experiência, diferente do mundo da experiência de outros animais. Sendo criaturas reflexivas, graças ao surgimento da capacidade humana, os seres humanos tentam tirar algum sentido da experiência. Esses esforços são chamados de mito, religião, magia, filosofia... ou, em um sentido moderno, ciência. Para a ciência, o conceito de referência no sentido técnico é um ideal normativo: esperamos que os conceitos, inventados, de *fóton* ou de *sintagma verbal* se refiram a alguma coisa real do/no mundo. E é claro que o conceito de referência é muito bom para o contexto para o qual foi inventado na lógica moderna, para os sistemas formais, em que a relação de *referência* é estipulada. Assim, segue-se que vale, por exemplo, para a relação entre numerais e números. A linguagem humana e o pensamento, contudo, não parecem funcionar assim; e uma confusão infindável resulta da falha de se reconhecer esse fato.

Abordamos aqui tópicos profundos e bastante interessantes, que teremos de pôr de lado. Resumiremos de forma breve o que parece ser a melhor suposição atual sobre a unidade e a diversidade da linguagem e do pensamento. De maneira completamente desconhecida, nossos antepassados desenvolveram conceitos humanos. Em algum momento no passado muito recente, ao que parece algum tempo antes de 80 mil anos atrás, se pudermos julgar a partir de nossos representantes simbólicos, indivíduos em um pequeno grupo de hominídeos na África Oriental sofreram uma pequena mudança biológica que favoreceu o surgimento da operação *Merge* – uma operação que toma conceitos humanos como átomos computacionais e produz expressões estruturadas que, sistematicamente interpretadas pelo sistema conceitual, fornecem uma rica linguagem do pensamento. Esses processos podem ser computacionalmente perfeitos, ou próximos disso; daí o resultado de leis físicas independentes dos seres humanos. A inovação teve vantagens óbvias e se disseminou pelo pequeno grupo. Em algum estágio posterior, a linguagem do pensamento interna estava ligada ao sistema sensório-motor, uma tarefa complexa que pode ser resolvida de muitas maneiras diferentes e em momentos diversos. No curso desses eventos, a capacidade humana tomou forma, gerando boa parte de nossa "natureza moral e intelectual", nas palavras de Wallace. Os resultados disso parecem ser muito diversos, mas têm uma unidade essencial, refletindo o fato de que os seres humanos são idênticos em aspectos fundamentais. De maneira semelhante, o hipotético cientista extraterrestre que imaginamos anteriormente poderia concluir que há apenas uma língua, com pequenas variações dialetais, que se dão sobretudo – talvez *inteiramente* – nos modos de externalização.

Para concluir, lembre-se de que, mesmo que essa história se torne mais ou menos válida e suas enormes lacunas sejam preenchidas, ainda assim ela deixará problemas não resolvidos; problemas que foram propostos ao longo de centenas de anos. Entre eles está a questão de como as propriedades "denominadas mentais" se relacionam com "a estrutura orgânica do cérebro" – na formulação do século XVIII – e os problemas mais misteriosos sobre o uso cotidiano criativo e coerente da linguagem, uma preocupação central da ciência cartesiana, ainda pouco compreendida no horizonte de investigação.

3
Arquitetura da linguagem
e sua relação com a evolução

A investigação racional sobre a evolução de algum sistema só pode prosseguir, é claro, na medida em que sua natureza seja compreendida. Além disso, sem uma compreensão séria da natureza fundamental de algum sistema, suas manifestações parecerão caóticas, altamente variáveis e sem propriedades gerais. Sendo assim, portanto, o estudo de sua evolução não pode ser levado a sério. Essa investigação também deve, naturalmente, ser o mais fiel possível ao que se sabe da história evolutiva. Tais truísmos tanto valem para o estudo da faculdade humana da linguagem como para outros sistemas biológicos. Propostas na literatura podem ser avaliadas em termos de quão bem elas respondem a essas críticas elementares.

O problema da evolução da linguagem surgiu de maneira repentina em meados do século XX, quando os primeiros esforços foram feitos para tratar a linguagem como um objeto biológico, interno a um indivíduo, capturando o que podemos chamar de Propriedade Básica da linguagem humana: cada língua produz uma matriz digitalmente infinita de expressões estruturadas hierarquicamente com interpretações sistemáticas em interfaces com outros dois sistemas internos, o sistema sensório-motor (para a externalização) e o sistema conceitual (para inferência, interpretação, planejamento, organização da ação e outros elementos que fazem parte daquilo que informalmente chamamos de "pensamento"). O quadro geral que aborda a linguagem dessa maneira, adotando tais diretrizes, passou a ser chamado de programa biolinguístico.

Na terminologia atual, a linguagem entendida nesses termos é chamada de língua interna ou língua-I. Em virtude da Propriedade Básica, cada língua-I é um sistema de "sinais audíveis para o pensamento", citando o grande indo-europeísta William Dwight Whitney (1908, p.3) há mais de um século – embora hoje saibamos que a externalização não precisa ser restrita a modalidades articulatórias auditivas.

Por definição, a teoria de uma língua-I é sua gramática gerativa, e a teoria geral das línguas-I é a Gramática Universal (GU), adaptando as noções tradicionais a um novo contexto. A GU é a teoria do componente genético da faculdade de linguagem, a capacidade que torna possível adquirir e usar determinadas línguas-I. Ela determina a classe de procedimentos gerativos que satisfazem a Propriedade Básica e os elementos atômicos que participam das computações.

Os elementos atômicos representam grandes mistérios. Os elementos mínimos portadores de significado das línguas humanas – alguma coisa como palavras, mas não exatamente palavras – são radicalmente diferentes de tudo o que se conhece nos sistemas de comunicação animal. Sua origem é obscura, colocando um problema muito sério para a evolução das capacidades cognitivas humanas, em particular a linguagem. Há insights sobre esses tópicos remontando aos pré-socráticos, desenvolvidos em seguida por proeminentes filósofos da revolução científica moderna e do Iluminismo e ainda em períodos mais recentes, embora o tópico permaneça quase inexplorado. Na verdade, o problema, que é grave, é insuficientemente reconhecido e compreendido. Um exame cuidadoso mostra que as principais doutrinas sobre a natureza desses elementos são insustentáveis; em especial a doutrina referencialista, amplamente difundida, segundo a qual as palavras selecionam objetos extramentais. Há muito a dizer sobre essas questões importantes, mas vamos deixá-las de lado – observando mais uma vez, no entanto, que os problemas da evolução da cognição humana são graves, muito mais do que geralmente é reconhecido.

O segundo componente da GU, a teoria dos procedimentos gerativos, foi passível de estudo pela primeira vez em meados do século XX. Até então, o trabalho de Gödel, de Turing, de Church e outros tinha estabelecido a teoria geral da computação em bases sólidas, tornando possível realizar o estudo da gramática gerativa com uma compreensão bastante clara daquilo que estava envolvido. Os procedimentos gerativos que constituem as línguas-I devem satisfazer certas condições empíricas: alguns deles, pelo menos, são passíveis de ser aprendidos, e a capacidade de adquirir e usar línguas-I evidentemente evoluiu.

Sobre a aprendizagem, podemos dizer que a aquisição de uma língua-I é evidentemente baseada (i) em restrições genéticas da GU; e (ii) em princípios independentes da linguagem. Está bem estabelecido que a capacidade da linguagem é radicalmente dissociada de outras capacidades cognitivas, como Lenneberg (1967) demonstrou e discutiu há cinquenta anos, com seus resultados consideravelmente estendidos desde então (cf. Curtiss, 2012, para uma revisão sobre o assunto). Esse fato, ao lado do exame atento das propriedades das línguas, leva-nos a esperar que o segundo fator talvez consista substancialmente em princípios independentes e não em outros processos cognitivos. Para um sistema computacional como a língua-I, tais princípios provavelmente incluirão princípios de eficiência computacional que se enquadram em leis naturais. E o estudo da aprendizagem deve enfrentar o fato de que aquilo que é rapidamente adquirido excede em muito a evidência disponível à criança, uma propriedade normal de crescimento de um sistema biológico.

Sobre a evolução, devemos primeiro definir claramente o que foi que evoluiu. Não foram as línguas que evoluíram, é claro, mas a capacidade para a linguagem – ou seja, a GU. As línguas mudam, mas não evoluem. É inútil sugerir que as línguas evoluíram por evolução biológica e não biológica – nos termos de James Hurford. A evolução não biológica simplesmente *não* é evolução. Com essas ressalvas em mente, usaremos o termo convencional "evolução da linguagem", reconhecendo que ele pode ser – e às vezes é – enganoso.

Um fato sobre a evolução da linguagem que parece ser bastante categórico é que não houve nenhum tipo de evolução desde que nossos antepassados deixaram a África, há 60 mil anos ou mais. Não há diferenças de grupo conhecidas envolvendo a capacidade de linguagem (ou mesmo capacidades cognitivas em geral), como já havia sido apontado, uma vez mais, por Lenneberg (1967) – e como falamos nos Capítulos 1 e 2. Outro fato a que podemos apelar, nesse caso com menos confiança, é que, não muito antes do êxodo da África, a linguagem pode simplesmente não ter existido. É, por enquanto, uma suposição razoável dizer que a linguagem – mais precisamente, a GU – emergiu em algum ponto em uma janela muito estreita de tempo evolutivo, talvez por volta de 80 mil anos atrás – desde então, ela não tem mais evoluído. Na crescente literatura sobre a evolução da linguagem, essa ideia é às vezes descrita como "antidarwiniana", como se rejeitasse a teoria evolucionista. A crítica, contudo, é baseada em graves incompreensões sobre a Biologia moderna, como discutimos nos Capítulos 1 e 4.

Além desses dois fatos – um sólido, outro plausível –, o registro disponível nos diz muito pouco, e o mesmo parece ser válido para as capacidades cognitivas humanas complexas em geral. Temos uma base muito frágil para estudar a evolução da linguagem. Contudo, temos uma sugestão: aquilo que evoluiu (a GU) deve ser bastante simples em seu âmago. Se for assim, então a aparente complexidade e variedade das línguas humanas deve derivar de mudanças desde que a capacidade compartilhada evoluiu. E essa complexidade provavelmente está localizada em componentes periféricos do sistema, componentes que podem não ter evoluído. Voltaremos a essa questão mais adiante. Podemos também antecipar, como observamos, que o aparecimento de complexidade e de diversidade em um determinado campo de investigação científica às vezes nada mais é do que simplesmente a falta de compreensão mais profunda de um determinado fenômeno.

Assim que os primeiros esforços para construir gramáticas gerativas começaram, em meados do século XX, descobriu-se rapidamente que muito pouco se sabia sobre as línguas, mesmo aquelas que já tinham sido bem estudadas. Além disso, muitas das propriedades reveladas por um estudo mais aprofundado levantaram problemas sérios, alguns dos quais estão vivos até hoje, juntamente com muitas questões novas que continuam a ser descobertas todos os dias.

No início, parecia ser necessário atribuir grande complexidade à GU, a fim de captar os fenômenos empíricos das línguas e sua aparente variedade. No entanto, sempre soubemos que isso não poderia estar certo. A GU deve satisfazer a condição de ser passível de evolução, e quanto mais complexo for seu teor, maior será a carga de explicação sobre como ela pode ter evoluído – um fardo bastante pesado, como mostram os poucos fatos disponíveis sobre a evolução da linguagem.

Por essas razões, junto a considerações gerais de investigação racional, as pesquisas sobre línguas-I e sobre a GU, desde o início, procuraram reduzir a complexidade de suposições sobre sua natureza e variedade. Não iremos rever aqui a história do progresso constante da área nessa direção, em especial com a cristalização do quadro de "Princípios e Parâmetros" no início dos anos 1980, que ofereceu uma maneira de explicar o problema da aquisição da linguagem e abriu o caminho para a vasta expansão dos materiais empíricos disponíveis, estudados em um nível de profundidade inimaginável até então.

No começo dos anos 1990, parecia – para um grande número de pesquisadores – que já havíamos aprendido o suficiente para que se pudesse pensar de maneira razoável em simplificar a GU de um jeito diferente: formulando um caso ideal e perguntando o quão intimamente a linguagem se aproxima do ideal, procurando então superar as muitas discrepâncias aparentes. Esse esforço foi chamado de Programa Minimalista, uma continuação do estudo da gramática gerativa desde suas origens.

A situação ótima é aquela em que a GU se reduz aos princípios computacionais mais simples, que operam de acordo com condições de eficiência computacional. Esse cenário é chamado, às vezes, de Tese Minimalista Forte (TMF). Alguns anos atrás, a TMF soaria como uma ideia um tanto exótica. Contudo, nos últimos tempos, a evidência vem se acumulando e sugerindo que a ideia pode ser promissora. Essa seria uma descoberta surpreendente e significativa, se de fato estabelecida. Isso também abriria o caminho para lidar com a evolução da linguagem. Retornaremos a esse ponto depois de algumas palavras sobre a pré-história do estudo contemporâneo da evolução da linguagem.

Como mencionamos, o problema da evolução da GU surgiu assim que o programa biolinguístico teve início, há sessenta anos. O problema já tinha sido discutido antes, em uma época em que a linguagem era considerada um objeto biológico interno. É óbvio que, se a linguagem não é concebida dessa forma, sua evolução não pode ser discutida com seriedade. Os indo-europeístas do século XIX costumavam considerar a linguagem de modo internalista, como uma propriedade biológica de um indivíduo, mas havia barreiras ao estudo de sua evolução. As condições mínimas que já mencionamos não estavam satisfeitas; em particular, não havia uma compreensão clara sobre a natureza do sistema que evoluíra, que satisfizesse a Propriedade Básica. Em 1886, a

Sociedade Linguística de Paris proibiu a publicação de artigos sobre as origens da linguagem, adotando a visão do proeminente estudioso William Dwight Whitney (1893, p.279), para quem "a maior parte do que é dito e escrito sobre o assunto é mera especulação vazia" – palavras que ainda merecem atenção.

A história-padrão sobre o que aconteceu a seguir é resumida com precisão por Jean Aitchison no livro *Approaches to the Evolution of Language* [Abordagens para a evolução da linguagem], editado por James Hurford, Michael Studdert-Kennedy e Chris Knight (1998). Aitchison cita a famosa proibição sobre o tema da evolução da linguagem e depois pula para 1990, quando, segundo ela, "tudo mudou", com a publicação de um artigo de Steven Pinker e Paul Bloom. Aitchison cita o endosso de Hurford ao trabalho de Pinker e Bloom, que, segundo Hurford, "demoliu alguns obstáculos intelectuais em progresso na compreensão da relação entre evolução e linguagem" (Hurford 1990, p.736). O trabalho de Pinker e Bloom, de acordo com Aitchison, "mostrou que a linguagem evoluiu por mecanismos evolucionários normais e que 'há uma riqueza respeitável de informação científica nova e relevante sobre a evolução da linguagem, tal como nunca antes sintetizada de maneira adequada'" (Pinker; Bloom, 1990, p.729). A área foi, então, capaz de decolar e de se tornar uma disciplina frutífera e próspera, de acordo com essa versão.

A história real parece bastante diferente para nós, não apenas por causa da precisão das restrições de Whitney. Durante o período estruturalista que se seguiu a Whitney, a linguagem não era tipicamente considerada um objeto biológico; portanto, sua evolução não poderia ser cogitada. O estruturalismo europeu adotou comumente a concepção saussuriana da linguagem (no sentido relevante): a língua como uma entidade social – ou, como teria dito Saussure (1916, p.31), como um armazém de imagens de palavras nos cérebros de uma coletividade de indivíduos fundada em uma espécie de "contrato social". Para o estruturalismo norte-americano, um conceito-padrão era o de Leonard

Bloomfield, para quem a linguagem era um conjunto de hábitos para responder a situações com sons de fala convencionais e para responder a esses sons com ações. Ou, em uma formulação diferente, a linguagem era entendida como "a totalidade das expressões produzidas em uma comunidade de fala" (Bloomfield, 1926, p.155). Quaisquer que fossem essas entidades presumidas, elas não eram objetos biológicos.

As coisas mudaram na metade do século, quando os primeiros esforços foram empreendidos para estudar a língua-I no sentido de satisfazer a Propriedade Básica. Como mencionamos, o problema da evolução da linguagem surgiu abruptamente, mas não podia ser abordado de maneira séria. Nos primeiros anos, a tarefa foi construir uma teoria da linguagem rica o suficiente para permitir a descrição dos fatos sendo descobertos em uma variedade de línguas. Entretanto, quanto mais rica for a GU, maior será a carga sobre a maneira como ela evoluiu. Por isso, muito pouco poderia ser feito.

Como discutimos no Capítulo 1, a publicação do livro de Eric Lenneberg em 1967, *Biological Foundations of Language*, que fundou o estudo moderno da Biologia da Linguagem, foi um passo decisivo. Esse livro traz uma importante discussão da evolução da capacidade da linguagem, com muitos insights relevantes e um argumento bem sofisticado em favor da descontinuidade da evolução, por motivos biológicos. Contudo, o problema básico da riqueza e da complexidade da GU persistiu.

Nos anos seguintes, houve conferências científicas internacionais e nacionais que reuniram biólogos, linguistas, filósofos e cientistas cognitivos. A questão da evolução era debatida, mas com pouco resultado, pelas mesmas razões. Um de nós (Chomsky) deu um seminário sobre Biologia da Linguagem, no MIT, na década de 1970, com o biólogo evolucionista Salvador Luria. Vários dos alunos seguiram carreira na área. A evolução da linguagem foi um dos principais temas, porém, mais uma vez, com pouco a dizer.

Críticos e debatedores, incluindo historiadores da Linguística, às vezes comentam que há pouca referência à evolução da linguagem na literatura anterior à gramática gerativa. Isso é correto, mas as razões não são aparentemente compreendidas. O tema foi muito discutido a partir do início dos anos 1950, mais tarde por Lenneberg em seu livro de 1967, bem como por outros pesquisadores em conferências científicas; porém, pelas razões mencionadas, poucas conclusões substantivas apareciam e, por isso, encontramos referências escassas.

Na década de 1990, de fato havia poucas "informações científicas relevantes que fossem novas e respeitáveis sobre a evolução da linguagem" a ser sintetizadas; tampouco havia "barreiras intelectuais" a ser "demolidas". Entretanto, várias mudanças ocorreram naquela época. Uma delas é a que mencionamos: o progresso no estudo da GU possibilitou a ideia de que algo como a TMF poderia estar correta, sugerindo que uma grande barreira para o estudo da evolução da linguagem poderia ser superada. Uma segunda mudança foi o aparecimento de um artigo muito importante do biólogo evolucionista Richard Lewontin (1998), explicando em detalhes por que seria quase impossível estudar a evolução da cognição, da linguagem em particular, por qualquer abordagem atualmente compreendida. A terceira mudança foi o início de uma vasta efusão de artigos e livros sobre a evolução da linguagem, todos ignorando os argumentos cuidadosos e persuasivos de Lewontin – e quase invariavelmente evitando os avanços na compreensão da GU que abriram caminho para, pelo menos, algumas investigações sobre o tema.

Na verdade, uma conclusão comum é de que a GU não existe: a GU está morta, de acordo com Michael Tomasello (2009). Se for assim, não existe, naturalmente, algo como a evolução da GU – ou seja, a evolução da linguagem no único sentido coerente deixa de existir. Em vez disso, o surgimento da linguagem reduz-se à evolução dos processos cognitivos – o que não pode ser seriamente investigado pelas razões que Lewontin explicou. E também é necessário ignorar a evidência substancial sobre a dissociação da capacidade da linguagem de outros processos cognitivos, além de ignorar a singularidade da GU para os seres humanos, o que é evidente a partir do momento do nascimento. Um recém-nascido seleciona de forma instantânea, a partir do ambiente, dados relacionados à linguagem – o que não é nenhuma tarefa trivial. Um macaco com aproximadamente o mesmo sistema auditivo ouve apenas barulho. O recém-nascido humano, entretanto, procede a um curso sistemático de aquisição que é exclusivo da espécie e que demonstravelmente vai além do que qualquer mecanismo de aprendizagem geral pode proporcionar, desde a aprendizagem das palavras à estrutura sintática e à interpretação semântica.

A enorme expansão de uma área que mal existe levanta algumas questões interessantes sobre a sociologia da ciência, mas vamos deixar essas questões de lado e voltar ao que parece ser uma abordagem produtiva para as questões que surgem – enfatizando que a visão de Tomasello está longe de ser consensual.

Supondo que a TMF se sustenta, podemos pelo menos formular o problema da evolução da capacidade da linguagem de uma forma coerente e potencialmente útil. Perguntemos, então, que conclusões sobre a linguagem e sua evolução surgiriam na suposição de que algo como a TMF seja realística.

Todo sistema computacional incorpora em algum lugar uma operação que se aplica a dois objetos já formados, X e Y, e constrói a partir deles um novo objeto Z. Chamemos essa operação de *Merge*. A TMF afirma que a operação de *Merge* será a mais simples possível: ela não modificará X nem Y; tampouco imporá qualquer arranjo entre eles. Em particular, *Merge* deixará esses elementos desordenados, um fato importante ao qual retornaremos. *Merge* é, portanto, apenas a formação de conjuntos: a união (isto é, o *Merge*) de X e Y produz o conjunto $\{X, Y\}$.

Merge, assim definido, é um bom candidato à operação computacional mais simples. Às vezes, argumenta-se que a concatenação é ainda mais simples. Mas isso é incorreto. A concatenação requer a operação de *Merge*, ou alguma operação semelhante, junto com a ordenação dos elementos e algum princípio que apague estruturas – algo muito parecido com as regras que produzem uma cadeia terminal de uma árvore gerada por uma gramática livre de contexto. Podemos pensar no processo computacional operando da seguinte maneira: existe uma área de trabalho, que tem acesso ao léxico de elementos atômicos e que contém qualquer novo objeto que é construído. Para tocar uma computação em frente, um elemento X é selecionado dessa área de trabalho e, em seguida, um segundo elemento Y é selecionado. X e Y podem ser dois elementos distintos na área de trabalho, como quando *Merge* une *ler* e *livros* para formar o objeto sintático subjacente ao sintagma *ler livros*. Isso é chamado de *Merge* Externo. A única possibilidade lógica alternativa é que um elemento faça parte do outro, o que chamamos de *Merge* Interno, como quando *Merge* une o sintagma *ele vai ler quais livros* com o sintagma *quais livros*, originando *quais livros ele vai ler quais livros*, que subjaz a frase *Adivinhe quais livros ele vai ler* ou *Quais livros ele vai ler*, por meio de outras regras. Esse é um exemplo da propriedade onipresente de deslocamento – sintagmas sendo pronunciados em um lugar e sendo interpretados em outro. Há muito se supunha que o deslocamento era uma estranha imperfeição da linguagem. Muito pelo contrário: trata-se de uma propriedade automática de um processo computacional muito elementar.

Repetindo: quando efetuamos a operação *Merge* com os sintagmas *ele vai ler quais livros* e *quais livros*, teremos como resultado *quais livros ele vai ler quais livros*, com duas ocorrências de *quais livros*. A razão é que *Merge* não altera os elementos envolvidos na operação. Nesse sentido, ele é ótimo. Isso acaba sendo um fato muito importante. Essa propriedade de copiar do *Merge* Interno dá conta da interpretação de expressões com deslocamento, de forma abrangente e significativa. Compreendemos a frase *Quais livros ele vai ler* significando algo como: "para quais livros x, ele lerá os livros x", com o sintagma *quais livros* recebendo papéis semânticos distintos em cada posição. Propriedades bem complexas da interpretação de frases repercutem de imediato a partir dessas suposições ótimas sobre a computação.

Para ilustrar com um exemplo muito simples, considere a oração *os alunos comentaram que só se elogiam em público*, que significa "cada um dos alunos elogia a si mesmo". Suponha que encaixássemos essa oração na seguinte: *Eu me pergunto que professores.* Isso resultaria, então, no período *Eu me pergunto que professores os alunos comentaram que só se elogiam em público*. A interpretação que havíamos obtido antes desaparece. Agora o pronome *se* refere-se ao elemento mais distante *que professores*, e não ao elemento mais próximo *os alunos*. A razão disso é que, para a mente, ainda que não para o ouvido, o elemento mais próximo é realmente *que professores*, na expressão mental *Eu me pergunto que professores os alunos comentaram que só se elogiam em público*, graças à propriedade de copiar do *Merge* Interno.

Para pegarmos um exemplo mais complexo, considere a frase *Qual de seus quadros a galeria espera que todos os artistas gostem mais?* A resposta pode ser *o seu primeiro*, ou seja, cada artista escolherá seu próprio quadro como o favorito. O pronome *seus* (no sintagma *qual de seus quadros*) está ligado ao sintagma quantificado *todos os artistas*, apesar de tal interpretação se tornar impossível em uma frase muito semelhante: *Um de seus quadros convenceu a galeria de que todos os artistas gostam de flores*. A razão para isso é a propriedade de copiar do *Merge* Interno (deslocamento). O que a mente recebe é *Qual de seus quadros a galeria espera que todos os artistas gostem mais de qual de seus quadros*, uma configuração normal para a ligação de um quantificador, como em *Cada artista gosta mais de seu primeiro quadro*.

À medida que a complexidade da sentença aumenta, há muitas consequências complicadas. Claramente nada disso pode ser adquirido por indução, análise estatística de grandes fontes de dados ou outros mecanismos gerais; os resultados seguem em uma rica variedade de casos a partir da arquitetura fundamental da linguagem, assumindo a TMF.

Se ambas as cópias fossem pronunciadas em exemplos como esses, a percepção seria muito mais fácil. De fato, um dos principais problemas enfrentados pelas teorias da percepção e pelos programas de *parsing* e interpretação automática é encontrar as lacunas não pronunciadas – os chamados problemas de preenchimento (*filler-gap problems*). Há uma boa razão computacional para que apenas uma das cópias seja pronunciada: pronunciar outras cópias geraria uma enorme complexidade computacional em todos os casos, exceto nos mais simples. Portanto, temos um conflito entre eficiência computacional e eficiência de uso, e a eficiência computacional ganha de lavada. Tanto quanto sabemos, isso vale para todas as construções sintáticas, em todas as línguas. Embora não haja tempo para nos aprofundarmos nesse assunto aqui, há muitos outros casos de competição entre eficiência computacional e eficiência de uso (analisabilidade, comunicação etc.). Em todos os casos conhecidos, a eficiência de uso é sacrificada. Ou seja, a maneira como a linguagem foi projetada privilegia a eficiência computacional. Os exemplos não são, de modo algum, marginais. O caso que acabamos de discutir, por exemplo, é central para discutirmos analisabilidade e percepção.

Esses resultados sugerem que a linguagem evoluiu para o pensamento e a interpretação. Ou seja, ela é fundamentalmente um sistema de significado. A clássica citação de Aristóteles, de que a linguagem é "som com significado", deve ser entendida de maneira inversa: a linguagem é significado com som (ou alguma outra externalização, ou nenhuma); e o conceito expresso pela preposição *com* é altamente significativo.

A externalização no nível sensório-motor é, portanto, um processo auxiliar, que reflete as propriedades da modalidade sensorial utilizada, com diferentes arranjos para a fala ou para a sinalização. Disso também se segue que a doutrina moderna que afirma que a comunicação é, de alguma forma, a "função" da linguagem, está equivocada. Uma concepção tradicional da linguagem como instrumento do pensamento é mais acurada. De maneira fundamental, a linguagem é realmente um sistema de "sinais audíveis para o pensamento", nas palavras de Whitney, expressando a visão tradicional.

A concepção moderna de que a comunicação é a "função" da linguagem (o que quer que isso signifique) talvez provenha da crença equivocada de que a linguagem, de alguma forma, *deve* ter evoluído da comunicação animal, embora a Biologia Evolucionária não sustente tal conclusão, como Lenneberg já havia discutido meio século atrás. A evidência disponível é fortemente contra essa visão: em praticamente todos os aspectos importantes, do significado das palavras à Propriedade Básica, na aquisição e no uso, a linguagem humana parece ser radicalmente diferente dos sistemas de comunicação animal. Pode-se especular que a concepção moderna também deriva de tendências comportamentalistas, o que tem pouco mérito. Quaisquer que sejam as razões, as evidências disponíveis parecem favorecer a visão tradicional de que a linguagem é fundamentalmente um sistema de pensamento.

Há outra evidência substancial para essa conclusão. Repare que a operação computacional ótima *Merge* não impõe nenhuma ordem sobre os elementos unidos por ela. Segue-se, então, que as operações mentais envolvendo a linguagem devem ser independentes da ordem, que é um reflexo do sistema sensório-motor. Temos de impor ordem linear às palavras quando falamos: o sistema sensório-motor não permite a produção em paralelo, ou produção de estruturas. O sistema sensório-motor já existia muito antes de a linguagem emergir – e parece ter pouco a ver com a linguagem. Como mencionamos antes, macacos com aproximadamente o mesmo sistema auditivo ouvem apenas ruído quando a linguagem é produzida, embora um recém-nascido humano extraia instantaneamente dados relevantes para a linguagem mesmo em um ambiente barulhento, usando para isso sua faculdade de linguagem humana, que está entranhada em nosso cérebro.

Alguns exemplos dessas conclusões são bem conhecidos: as línguas do tipo verbo-objeto e as línguas do tipo objeto-verbo, por exemplo, atribuem os mesmos papéis semânticos. E as conclusões parecem poder se generalizar para muito mais exemplos.

Essas observações trazem consigo consequências empíricas interessantes. Considere mais uma vez os exemplos que apresentamos no Capítulo 1, sentenças como *Aves que voam instintivamente nadam* e *O desejo de voar instintivamente chama a atenção das crianças*. Essas frases são ambíguas: o advérbio *instintivamente* pode ser associado com o verbo que o antecede (*voar instintivamente*) ou com o verbo que o segue (*nadar instintivamente, chamar instintivamente*). Como já vimos várias vezes, suponha que movamos o advérbio dessas frases, formando *Instintivamente, aves que voam nadam*, e *Instintivamente, o desejo de voar chama a atenção das crianças*. Agora a ambiguidade é eliminada: o advérbio é construído apenas com o verbo mais distante (*nadar* e *chamar*), e não mais com o verbo mais próximo (*voar*).

Essa é uma ilustração da propriedade universal da dependência de estrutura das regras: as regras computacionais da linguagem ignoram a propriedade muito simples da distância linear e respeitam a propriedade muito mais complexa da distância estrutural. Esse estranho enigma foi notado quando apareceram os primeiros esforços para a construção de gramáticas mais precisas e exatas. Houve muitas tentativas de mostrar que as consequências podem ser derivadas de dados e experiências. Todas falharam por completo, o que não surpreende. Em casos como o que mencionamos, a criança não tem nenhuma evidência para mostrar que a propriedade simples da distância linear deve ser ignorada em prol da propriedade complexa da distância estrutural. No entanto, experiências mostram que as crianças compreendem que as regras são dependentes de estrutura – e isso acontece muito cedo, por volta dos 3 anos – e que elas não cometem erros – sem, é claro, serem instruídas quanto a isso. Se aceitarmos que a TMF é válida e que as computações da linguagem são tão simples quanto possível, tudo isso é imediatamente explicado.

Os esforços fracassados permaneceram com os fenômenos da inversão do verbo auxiliar e das orações relativas, que foram os primeiros casos discutidos. A limitação artificial induziu os pesquisadores a acreditar que esses fenômenos poderiam estar relacionados com regras de alçamento, ou que poderia haver dados disponíveis para a criança, ou ainda que os fenômenos poderiam ter algo a ver com informação pressuposta nas relativas. Mesmo nesses termos, os esforços são um completo fracasso, mas quando vamos para além das primeiras ilustrações das regras de interpretação, que se comportam da mesma maneira, torna-se ainda mais evidente que esses esforços são mesmo irrelevantes.

Há uma explicação muito simples para o fenômeno enigmático (aliás, a única explicação que sobrevive ao escrutínio): chegamos aos resultados pela hipótese da natureza ótima da GU, a TMF.

Enquanto alguns pesquisadores têm, pelo menos, tentado dar conta desses fenômenos, outros nem sequer compreendem que tais fenômenos representam um enigma. F. J. Newmeyer (1998, p.308), por exemplo, propõe que a propriedade de dependência de estrutura decorre de "uma pressão para tornar *todos* os sistemas complexos portadores de informações em hierarquias estruturadas". Na verdade, existem razões muito mais simples e mais convincentes que explicam por que um procedimento computacional produz hierarquias estruturadas, mas esse fato mantém o enigma inalterado. Tanto a hierarquia estruturada quanto a ordem linear existem. O enigma é o seguinte: por que a operação computacional, simples, envolvendo a menor distância linear é universalmente ignorada, ao passo que a operação computacional mais complexa, envolvendo a menor diferença estrutural, é universalmente respeitada? Afirmar que a hierarquia estruturada está disponível não ajuda. Afinal, a ordem linear também está. Esse é um erro muito comum em artigos técnicos na literatura atual.

A propósito, esse é apenas um de uma série de equívocos que tornam o texto de Newmeyer irrelevante em relação ao seu objetivo de refutar versões anteriores de argumentos relacionados aos revisados aqui; equívocos que também minam conclusões extraídas por outros autores naquele curioso livro sobre a evolução da linguagem que mencionamos antes (e onde se encontra o texto de Newmeyer).

A palavra *curioso* parece apropriada. As interpretações errôneas que aparecem às vezes são de fato curiosas. Uma é a confusão entre evolução e seleção natural – *um* fator na evolução, como Darwin salientou, mas não *o* fator. Outros equívocos são ainda mais estranhos. Por exemplo, Aitchison discute a "hipótese súbita" (ou *pop hypothesis*, como ela chama): a linguagem "poderia ter 'surgido' relativamente rápido" (Aitchison, 1998, p.22). Para ilustrar o absurdo dessa hipótese, ela faz referência a um de nós (Chomsky), trazendo à tona a ideia de que meia asa não é útil para voar – mas a autora falha em mencionar que essa ideia foi apresentada como uma falácia e que o trecho seguinte cita uma publicação técnica que propõe que as asas dos insetos evoluíram de início como termorreguladores. Lamentavelmente, essas não são exceções na literatura sobre a evolução da linguagem, mas não nos parece frutífero continuar com esse assunto. Os Capítulos 1 e 4 discutem a questão da "velocidade" relativa da mudança evolutiva, e também a aparente prevalência de mudanças relativamente rápidas, sobretudo durante grandes transições na evolução, além de discutir como mudanças mais rápidas se encaixam na linha de tempo paleoarqueológica que conhecemos.

Voltando ao tema principal, também é de alguma importância que a aparente variedade e complexidade das línguas e sua suscetibilidade à mudança residam sobretudo (talvez até mesmo inteiramente) no processo de externalização – e não nos sistemas que geram as expressões subjacentes e disponibilizam-nas para a interface conceitual para que outras operações mentais aconteçam. Isso parece ser uniforme entre as línguas, o que não é surpreendente, porque a criança não recebe praticamente nenhuma evidência, como nos casos simples que mencionamos – e os fatos se tornam muito mais dramáticos quando nos voltamos para exemplos de complexidade normal.

Existem também evidências neurológicas e experimentais que apoiam as conclusões sobre o caráter complementar da externalização em uma ou outra modalidade e, portanto, do uso da linguagem para a comunicação e outras formas de intercâmbio. Pesquisas realizadas em Milão há uma década, iniciadas por Andrea Moro, mostraram que sistemas sem sentido (*nonsense*) que são fiéis aos princípios da GU provocam ativação normal nas áreas de linguagem do cérebro, ao passo que sistemas muito mais simples que usam a ordem linear e cometem violações a princípios da GU produzem uma ativação difusa, o que sugere que os informantes estão tratando esse último tipo de sistema como um quebra-cabeça e não como uma linguagem sem sentido (cf. Musso et al., 2003). Há outras evidências no trabalho de Neil Smith e Ianthi-Maria Tsimpli (1995), em sua investigação com uma pessoa cognitivamente deficiente, mas linguisticamente dotada. Eles também trouxeram a interessante afirmação de que as pessoas normais podem resolver o problema se este lhes for apresentado como um quebra-cabeça, mas não se lhes for apresentado como uma língua, ativando presumivelmente a faculdade de linguagem. Esses estudos sugerem caminhos muito intrigantes que podem ser seguidos na neurociência e na psicolinguística experimental.

Dizendo de maneira sucinta, a conclusão ótima sobre a natureza da linguagem seria que seus princípios básicos são extremamente simples, talvez até mesmo ótimos para sistemas computacionais. Essa é a meta buscada desde o princípio do estudo da gramática gerativa, em meados do século XX. Ela parecia inalcançável em anos anteriores, mas está mais tangível hoje. A partir desse pressuposto ideal, seguem-se conclusões empíricas bem interessantes. Vemos que o deslocamento, longe de ser uma anomalia intrigante, é na verdade uma propriedade esperada de uma linguagem perfeita. Além disso, o *design* ótimo da linguagem produz a propriedade de cópia do deslocamento, com interpretações semânticas muito ricas e complexas. Também temos uma explicação imediata para o fato desconcertante de que a linguagem ignora propriedades simples de ordem linear e se baseia uniformemente na propriedade muito mais complexa da distância estrutural, em todas as línguas e em todas as construções. Além disso, temos também uma explicação para o fato de que a diversidade, a complexidade e a maleabilidade da linguagem estão localizadas, em grande parte – talvez completamente, na verdade –, em um sistema externo *auxiliar* aos processos internos nucleares que regulam a estrutura da linguagem e a interpretação semântica.

Se essas ideias estiverem no caminho certo, então perceberemos que a linguagem é muito bem projetada para a eficiência computacional e para a expressão do pensamento, ao passo que apresenta problemas de uso, em particular problemas relacionados à comunicação. A linguagem é, em essência, uma ferramenta do pensamento, como tradicionalmente assumido. É claro que o termo *projetada* é uma metáfora. Ele quer dizer que o processo evolutivo mais simples consistente com a Propriedade Básica da linguagem humana produz um sistema de pensamento e compreensão computacionalmente eficiente, já que não existem pressões externas que impeçam esse resultado ótimo.

Voltando aos dois fatos sobre a história evolutiva, uma especulação plausível é que alguma pequena reconfiguração do cérebro forneceu o elemento central da Propriedade Básica: um procedimento computacional ótimo, que produz um conjunto infinito de expressões estruturadas de modo hierárquico, cada uma interpretada sistematicamente pela interface conceitual com outros sistemas cognitivos. Esse quadro de uma mudança biológica pequena que leva a efeitos maiores é, de fato, o que descrevemos nos Capítulos 1 e 4, bem como aquele que aparece no trabalho de Ramus e Fisher (2009). De fato, não é fácil conceber uma possibilidade diferente, uma vez que não pode haver uma série de pequenos passos que levem ao rendimento infinito. Tal mudança acontece em um indivíduo – e, talvez, com sorte, também em todos os seus irmãos –, tendo sido transmitida por um ou ambos os pais (menos provável). Indivíduos dotados de tal mudança teriam vantagens, e essa capacidade poderia proliferar através de um pequeno grupo de reprodução ao longo de gerações. Em algum momento, a externalização seria útil, mesmo acrescentando problemas cognitivos difíceis: um sistema projetado para eficiência computacional mapeado para um sistema sensório-motor que é completamente independente dele. O problema pode ser resolvido de muitas maneiras, embora não sem restrições, produzindo uma variedade e uma complexidade superficiais, e talvez sem envolver qualquer evolução. Isso se encaixa bem com o que observamos, e parece-nos a especulação mais parcimoniosa – embora se trate, é evidente, de uma especulação, dadas as razões de Lewontin (1998).

Não é preciso dizer que esses apontamentos ainda não chegam ao âmago do problema. Há trabalhos recentes que exploram a TMF de maneira nova e – acreditamos – promissora. É claro que uma vasta gama de fenômenos da linguagem permanece sem explicação e mesmo mal examinada, mas o quadro esboçado aqui nos parece o mais plausível que temos até agora e aquele que oferece muitas oportunidades para pesquisa e investigação frutíferas.

4
Triângulos no cérebro

Além do alcance da seleção natural?

Alfred Russel Wallace, codescobridor da teoria da evolução pela seleção natural, acreditava de corpo e alma no princípio adaptacionista estrito da "necessária utilidade": todas as partes de um organismo têm de ter *algum uso*. Ainda assim, ele não conseguia entender como habilidades grandiosas da mente humana – linguagem, música e as artes – poderiam ter qualquer utilidade para nossos ancestrais. Como um soneto de Shakespeare ou uma sonata de Mozart poderiam contribuir para o sucesso reprodutivo? "A seleção natural poderia ter dotado o selvagem só de um cérebro pouco superior ao de um macaco, já que de fato este possui um cérebro muito pouco inferior àquele da média dos membros de nossas sociedades escolarizadas" (Wallace, 1869, p.392). Seu pan-adaptacionismo abrangente superou o próprio Darwin (1859, p.6), que já tinha escrito na famosa *A origem das espécies:* "Estou convencido de que a seleção natural foi o principal, mas não o meio exclusivo de modificação".

Assim, Wallace se voltou para o crime – o crime de mover a seleção para além do alcance da seleção "natural": "Devemos, portanto, admitir a possibilidade de que, no desenvolvimento da raça humana, uma inteligência superior guiou as mesmas leis [da variação, multiplicação e sobrevivência] para fins mais nobres" (1869, p.394). Darwin ficou perplexo. Escreveu a Wallace: "Espero que você não tenha assassinado completamente a sua e a minha infância" (Marchant, 1916, p.240). Achamos que o "crime" de Wallace não foi, no final das contas, um pecado mortal. Ele apenas apontou a verdade: o darwinismo requeria uma continuidade estritamente gradual com o passado – "modificações mínimas, sucessivas e numerosas" entre nossos ancestrais e nós. Ainda assim *há* um abismo entre o que podemos fazer e o que os outros animais não podem – a linguagem. E nisso reside o mistério. Como com qualquer bom mistério, temos de descobrir "quem é o culpado" – o quê, quem, onde, quando, como e por quê.

No restante deste capítulo, tentaremos responder a cada uma dessas questões da melhor forma possível. Em síntese, nossas próprias respostas para as questões envolvendo a linguagem são as seguintes:

- O "o quê" se resume à Propriedade Básica da linguagem humana – a habilidade de construir uma gama digitalmente infinita de expressões hierarquicamente estruturadas com determinadas interpretações na interface com outros sistemas orgânicos.[1]

---

1 Também devemos destacar novamente que a origem de conceitos específicos dos humanos e os "átomos da computação" que *Merge* usa permanecem para nós um mistério – como é para outros estudiosos contemporâneos como Bickerton (2014). Para uma tentativa de lidar com parte desse tema, a evolução de "ícones" em "símbolos" dentro do contexto de um modelo analítico da evolução por seleção natural, ver Brandon e Hornstein (1986).

- O "quem" somos nós – os humanos anatomicamente modernos –, e não os chimpanzés, nem os gorilas, nem as aves canoras.
- O "onde" e "quando" apontam para algum momento entre o surgimento dos humanos anatomicamente modernos no sul da África por volta de 200 mil anos atrás, mas antes do último êxodo africano, aproximadamente 60 mil anos atrás (Pagani, 2015).
- O "como" é a implementação neural da Propriedade Básica – pouco compreendida, mas evidências empíricas recentes sugerem que ela pode ser compatível com alguma "leve religação cerebral", como dissemos em outros lugares.
- O "por quê" é o uso da língua para o pensamento internalizado, como a cola cognitiva que une outros sistemas cognitivos perceptuais e de processamento de informação.

Até onde podemos perceber, esse retrato da evolução da linguagem humana se encaixa perfeitamente na visão da evolução pela seleção natural de Jacob e Monod como uma *bricolagem* oportunista. Argumentamos que a maioria dos ingredientes para a linguagem humana estava previamente no lugar. Circuitos corticais existentes foram reformulados. Pequenas mudanças nos genes então levaram a efeitos cognitivos mais ou menos amplos – precisamente o retrato esboçado por Ramus e Fisher (2009) que citamos no Capítulo 2. Ao contrário de alguns, não achamos que há qualquer necessidade aqui de invocar nem boatos, uma versão plistocena do Google Maps, ou uma evolução cultural de algum tipo obscuro.

O quê?

Começamos por tratar da questão "o quê" nos referindo ao diagrama para os três componentes da linguagem no Capítulo 1.

O primeiro componente, a "CPU" da linguagem, engloba a operação composicional básica, *Merge*. Os dois componentes restantes, interface com os sistemas sensório-motor e conceitual-intencional, mapeamento a partir das estruturas que *Merge* agrupa para os sistemas de "externalização" e "internalização". A externalização inclui morfofonologia, fonética, prosódia e todo o resto envolvido na produção de linguagem falada ou gestual, ou a análise da fala ou de línguas sinalizadas. A internalização relaciona estruturas hierárquicas construídas por *Merge* aos sistemas de raciocínio, inferências, planejamento e similares.

Seguindo a motivação básica do Programa Minimalista, assumimos que *Merge* é tão simples quanto logicamente possível. Relembre, dos Capítulos 2 e 3, que definimos *Merge* como uma operação diádica tomando dois objetos sintáticos como argumentos, por exemplo, dois elementos atômicos semelhantes a palavras do léxico, tais como *ler* e *livros*, gerando a combinação dos dois como um novo objeto sintático unitário, deixando os objetos sintáticos originais intocados. No caso mais simples, *Merge* é apenas formação de conjuntos. *Merge* então pode ser aplicado recursivamente a esse novo objeto sintático hierarquicamente estruturado, produzindo, por exemplo, *o menino ler livros*. Dessa forma, *Merge* constrói recursivamente uma gama infinita de representações estruturadas em um nível de hierarquia.

É importante ver que, junto com os objetos atômicos semelhantes a palavras, *Merge* é uma inovação evolutiva decisiva para a linguagem humana. Como discutiremos a seguir e quando respondermos à questão "quem?", parece claro que os animais não humanos são capazes de encadear e processar itens em sequência, pelo menos de forma limitada. Contudo, como argumentaremos, eles não constroem representações hierarquicamente estruturadas similares. O chimpanzé Nim podia memorizar algumas combinações de duas "palavras", mas nunca chegou perto da estrutura hierárquica mesmo para a sentença mais simples (Yang, 2013). Relembrando as palavras de Jacob no Capítulo 2, é *Merge* que torna a linguagem algo mais do que um sistema de comunicação animal, através de sua propriedade única de permitir "combinações infinitas de símbolos" e, portanto, "a criação mental de mundos possíveis".

Ainda do Capítulo 1, lembre-se de que há duas possibilidades lógicas para *Merge* quando ele se aplica a dois objetos sintáticos X e Y. Tanto X quanto Y são disjuntos, ou também X ou Y são parte um do outro. O primeiro caso é *Merge externo* (ME) e o segundo, *Merge interno* (MI).

Merge externo possui uma fraca similaridade com o modo mais familiar de definir estrutura hierárquica conhecida como gramática livre de contexto ou gramática de Tipo 2, mas há também algumas diferenças importantes entre os dois. Essa fraca similaridade com regras livres de contexto tradicionais é simples. Por exemplo, *Merge* aplicado a *ler* e a *livros* pode ser igualado pela regra tradicional livre de contexto, SV → verbo SN. Isso define um sintagma verbal (SV) como um verbo seguido por um sintagma nominal (SN), como em *ler livros*. Os dois objetos sintáticos que sofrerão *Merge* estão no lado direito da seta, *ler* e o sintagma nominal *livros*. Contudo, note três diferenças importantes. Primeiro, a regra livre de contexto diz que a combinação hierárquica de *ler* e *livros* tem um nome particular, um sintagma verbal. Isso não é parte de *Merge*. Ao contrário, *Merge* requer um algoritmo de rotulação, que pelo menos nesse caso pode ser configurado para selecionar o verbo como seu núcleo, mas o algoritmo de rotulação não produz nada que se chame um "sintagma verbal".[2] Em

---

2 Mais especificamente, *Merge* seleciona o núcleo de uma construção núcleo-SX, mas não seleciona nada no caso de uma construção SX-SY, que é como o SV e o SN, se os dois itens que sofreram *Merge* são sintagmas. Essa última situação é obtida em todos os casos de *Merge interno*, alegadamente também nos exemplos de Sujeito-Predicado, construções, minierações (por exemplo, *comer a carne crua*) e outros. Regras de estruturação sintagmática (livres de contexto) convencionais combinam dois processos: rotulação e projeção; e a formação de estrutura hierárquica. Isso envolvia sempre várias estipulações,

segundo lugar, nada no formato da regra livre de contexto bane uma regra como SP → verbo SN (um sintagma preposicionado formado pelo *Merge* de um verbo e um SN). Terceiro, como descreveremos em mais detalhe a seguir, a regra livre de contexto especifica a ordem do verbo seguido pelo SN, enquanto eles são deixados desordenados por *Merge*.

Muitas teorias linguísticas contemporâneas contêm essas regras combinatórias livres de contexto em seu núcleo – sem surpresas, pois expressões hierarquicamente estruturadas ilimitadas são um fato empírico inevitável sobre a sintaxe da linguagem. Algumas teorias linguísticas, como a *Head-Driven Phrase Structure Grammar* (HPSG) e a Gramática Léxico-Funcional (FLG), possuem componentes explícitos de estrutura sintagmática livre de contexto. (Há versões de HPSG que até mesmo separam dominância de outras relações de precedência.) Outras abordagens, como a *Tree-Adjoining Grammar* (TAG), precongregam um conjunto inicial finito de estruturas hierárquicas básicas povoadas por elementos atômicos semelhantes a palavras e então adicionam uma operação combinatória – adjunção – para recursivamente colar uma na outra. (Isso de fato era bem próximo da forma como a recursão foi introduzida na versão original da Gramática Gerativa Transformacional, através do que se chamou de *transformações generalizadas*.) Ainda, outras teorias, como a Gramática Categorial Combinatória (GCC), carecem de regras livres de contexto explícitas, mas ao invés disso possuem umas poucas operações gerais "combinatórias" parecidas com *Merge* que colam átomos semelhantes a palavras em estruturas

---

por exemplo, a regra O → SN SV no inglês, o que permanece totalmente sem motivação. Veja Chomsky (2012) para uma análise dessas estipulações tradicionais em conjunto com uma abordagem para eliminar essas estipulações substituindo um "algoritmo de rotulação" empiricamente motivado. Veja Chomsky (2015) para problemas adicionais e refinamentos adicionais da abordagem de rotulação.

hierárquicas, uma conexão próxima aos sistemas minimalistas, apontada pela primeira vez por Berwick e Epstein (1993). Por conseguinte, um pouco do que dissemos aqui sobre a evolução da linguagem se estende intacto para todas essas teorias.

Contudo, uma diferença crítica entre muitas dessas teorias e uma abordagem baseada em *Merge* é que este não impõe nenhum ordenamento linear ou precedência sobre os elementos que une. Podemos imaginar que o *output* de *Merge* é como um tipo de triângulo: os dois argumentos a ser unidos formam as duas pernas da "base" do triângulo, e o rótulo fica no "topo" dele. Essa analogia visual não é precisa. A representação de *Merge* difere crucialmente de um triângulo geométrico tradicional pelo fato de a *ordem* dos dois itens da base não ser fixa (dado que as duas partes são unidas pela formação de conjuntos). Como resultado, *ler* e *livros* são livres para rodopiar um em volta do outro como um móbile, a ordem direita-esquerda é irrelevante e invisível mesmo para a sintaxe da língua, embora não necessariamente para a morfofonêmica, fonologia ou fonética.

Como notamos nos Capítulos 1 e 3, uma das características distintivas da sintaxe da linguagem humana é seu uso de representações hierárquicas ao invés de sequências lineares da esquerda para a direita. Isso apresenta nossa própria visão da evolução da linguagem, dado acreditarmos que essas duas representações distintas evoluíram em separado. O sequenciamento linear é encontrado no canto dos pássaros e em outros animais não humanos, bem como na externalização humana, em parte relacionada com o controle motor do sequenciamento. Nesse aspecto, abordagens da neurobiologia da linguagem como aquela apresentada por Bornkessel-Schlesewsky et al. (2015), negando qualquer papel na linguagem de representações estruturadas de forma hierárquica, são profundamente equivocadas sobre a evolução da linguagem humana. Enquanto a proposta deles é bem-sucedida ao estipular a diminuição da distância evolutiva entre nós e outros animais, ela derrapa no terreno empírico porque falha em considerar o fato fundamental de que a representação hierárquica está no âmago da linguagem humana. De forma alguma Bornkessel-Schlesewsky et al. estão sozinhos nesse aspecto. A visão "apenas sequência linear", ao que parece, está espalhada na literatura contemporânea em ciência cognitiva. Considerando apenas outro exemplo aqui, em um artigo recente nos *Anais da Sociedade Real de Londres*, Frank et al. (2012) resumem um "modelo não hierárquico do uso da linguagem", fazendo o mesmo argumento evolucionário que Bornkessel-Schlesewsky. Frank et al. sustentam que "considerações de simplicidade e continuidade evolutiva nos forçam a analisar a estrutura sequencial como fundamental para o processamento da linguagem" (2012, p.4528). Enquanto é verdade de fato que a história evolutiva se torna mais simples se a única coisa que todos os animais conseguem fazer é processar sequencialmente itens ordenados, essa posição tem um problema. Está errada. Representações hierárquicas são onipresentes na sintaxe das línguas humanas.

De fato, a própria proposta de Frank e seus colegas para processar sintagmas tais como *pôr seu garfo e faca para baixo*, que eles alegam ser "sequenciais", na verdade introduz sub-repticiamente uma representação hierárquica tácita. Qual é a proposta deles? Frank et al. alegam que uma sequência de palavras como *pôr seu garfo e faca* pode ser processada por "troca entre linhas paralelas sequenciais" (Frank et al., 2012, p.5). Cada linha "fatia" palavras em grupos: uma linha para a palavra *pôr* (por fim unida a *para baixo*); uma para *seu*; e uma terceira linha para *garfo e faca*. Eles idealizam que, assim como um processador sentencial se move da esquerda para a direita através da cadeia de palavras *pôr seu garfo e faca*, três linhas paralelas serão criadas de início separadamente: primeiro, uma linha sustenta a palavra *pôr*; então, já com a linha de *pôr* em mãos, uma linha sequencial separada é criada para *seu*; e, por fim, o processador abre uma terceira linha simultânea para *garfo e faca*. Essas três linhas são então entrelaçadas quando o sintagma *para baixo* é finalmente encontrado, com *para baixo* se juntando a *pôr*. Então, de fato, se estabelecem três "cortes" paralelos através da sequência de palavras do sintagma, onde cada "corte" recebe tacitamente seu próprio rótulo, dado que ele é seccionado de outras linhas.[3] Note que um "corte" como *pôr para baixo* pode consistir de palavras que estão arbitrariamente longe uma da outra no *input*.

Enquanto Frank et al. se esforçam para argumentar que essa representação não pode ser hierárquica – por exemplo, eles dizem que pedaços de sintagmas não possuem "estrutura hierárquica interna, mas somente um arranjo sequencial de elementos" (2012, p.6) –, isso não pode estar correto, e *deve* ser hierárquico, porque de outra forma o sistema falharia ao lidar com *instintivamente as aves que voam nadam*. Lembre-se de que, nesse exemplo, *instintivamente* modifica *nadam*, e não *voam*, porque *nadam* está apenas um nível hierárquico "abaixo", enquanto *voam* está dois níveis "abaixo". Como a Figura 4.1 mostra, nesse caso *instintivamente* está na verdade mais perto de *nadam* do que de *voam* em termos de distância estrutural. Ao que tudo indica, não é a estrutura linear que interessa na sintaxe dos humanos, apenas a distância estrutural. Essa propriedade se mantém para todas as construções relevantes em todas as línguas e está enraizada presumivelmente em princípios profundos de *design* ótimo, como notado nas linhas anteriores.

---

3 Howard Lasnik descreve a representação de "cortes" através de uma estrutura multinível de um modo expositivo no primeiro capítulo de seu *Syntactic Structures Revisited* (2000). Ela é uma representação baseada em conjuntos usada na versão inicial da gramática gerativa transformacional (Chomsky, 1955), como Lasnik observa. Frank et al. aparentemente não estão cientes dessa conexão com sua própria formulação. Lasnik apresenta uma versão formalizada e melhorada dessa representação em Lasnik e Kupin (1977).

Figura 4.1 – A estrutura sintática humana está baseada na estrutura hierárquica, não em ordenamento sequencial da esquerda para a direita. Aqui mostramos a estrutura sintática para *instintivamente as aves que voam nadam*, que tem o significado não ambíguo em que *instintivamente* modifica *nadam*, não *voam*. É assim, embora *instintivamente* esteja mais próximo de *voam* em termos de ordenamento linear. *Instintivamente* está associado com *nadam* porque está mais próximo de *nadam* em termos de distância estrutural: *nadam* está encaixado um nível abaixo de *instintivamente*, mas voar está encaixado dois níveis abaixo de *instintivamente*.

No sistema de "linhas" de Frank et al., deve-se ligar esses dois itens, assim como *pôr* e *para baixo* no exemplo desses autores. Mas como o controlador (não especificado) para o processador pode saber ligar esses dois, ao invés de *instintivamente* e *voam*? O único método é consultar a "profundidade" da estrutura hierárquica, ou algum provedor dela. Assim, o sistema precisa lançar mão de uma representação implícita para garantir que as dependências relevantes sejam recuperadas. O fato de existir algum controlador que pode mudar entre múltiplas linhas contendo palavras que estão arbitrariamente distantes, usando informação aparentemente hierárquica, proporciona a esse sistema um poder computacional considerável, do tipo imaginado em uma máquina de Turing de muitas fitas.

Essa convergência (não intencional) destaca dois pontos fundamentais. Primeiro, muitas vezes é difícil evitar completamente representações hierárquicas quando se tenta representar o conhecimento humano da linguagem. O motivo é simples: as línguas humanas *são* hierárquicas. Isso deve ser representado de alguma forma, ainda que a representação em si mesma seja tácita e processual. Segundo, a proposta deles ilustra que uma *imple-*

mentação do processamento hierárquico pode ser indireta, não a abordagem óbvia de autômato de pilha que Frank et al. talvez estivessem tentando evitar. Um benefício imprevisto é que isso demonstra que pode haver muitos modos, alguns indiretos, de implementar um método computacional para processar estrutura hierárquica. Retornaremos a esse ponto logo a seguir.

Tão logo comecemos a sondar mais a fundo as propriedades da linguagem, torna-se claro que estrutura hierárquica é fundamental de outras formas também. Considere exemplos como os seguintes de Crain (2012). Na sentença *Ele disse que Max pediu sushi*, *ele* pode ser a mesma pessoa que *Max*? Não. A regra que ensinaram a você na gramática escolar é que se um pronome como *ele* precede um potencial antecedente, como *Max*, então as duas palavras não podem estar ligadas. Até aí tudo bem. Mas e *Max disse que ele pediu sushi*? Agora *Max* precede *ele*, assim eles podem estar ligados (mas não precisam estar – *ele* pode ser outra pessoa). Até aí tudo bem.

Mas a regra da gramática escolar não funciona, na verdade. Vamos considerar mais um exemplo: *Enquanto ele estava segurando o macarrão, Max pediu sushi*. Agora *ele* pode ser *Max* – embora *ele* preceda *Max*. O que aconteceu com nossa regra? Mais uma vez, uma regra correta seria baseada em "triângulos" – estrutura hierárquica – e não ordem da esquerda para a direita. Aqui está a restrição: o primeiro triângulo que cobre o pronome, *ele*, não pode também cobrir um nome próprio ou um substantivo concreto comum. Vejamos como isso funciona analisando a Figura 4.2, que apresenta três exemplos, com o cinza claro indicando o "triângulo cobrindo o pronome". No primeiro exemplo, o triângulo cinza cobrindo *ele* também cobre *Max*, assim *ele* e *Max* não podem ser a mesma pessoa. No segundo exemplo, o triângulo cinza cobrindo *ele* não cobre *Max*, assim *ele* e *Max* podem ser a mesma pessoa. Por fim, no terceiro exemplo, o triângulo cobrindo *ele* não cobre também *Max*, assim *Max* e *ele* podem ser a mesma pessoa – embora *ele* apareça antes de *Max* na ordem linear sequencial.

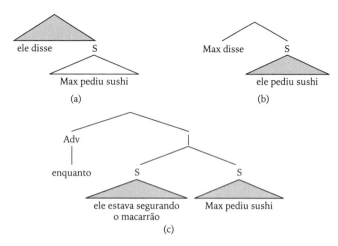

Figura 4.2 – A conexão possível entre *ele* e *Max* na sintaxe das línguas humanas é fixada por estrutura hierárquica, não por ordem linear sequencial da esquerda para a direita. Em cada exemplo mostrado, o triângulo cinza indica a estrutura hierárquica que domina *ele*. O pronome *ele* pode ser ligado a *Max* apenas no caso em que o triângulo não domina também *Max*. (a): no primeiro exemplo, o triângulo cinza domina *Max*, assim a ligação é impossível. (b), (c): no segundo e terceiro exemplos, desconsiderando a ordem da esquerda para a direita de *ele* e *Max*, o triângulo cinza *não* domina também *Max*, assim a ligação é permitida. Exemplos de Crain (2012).

Mais uma vez, parece que o cérebro não computa a ordem da esquerda para a direita para os propósitos sintáticos internos.[4]

Se computações sintáticas internas não se preocupam se *ler* precede *livros* ou *Max* precede *ele*, então poderíamos esperar que a ordem de palavras varie de língua para língua, e é exatamente isso que descobrimos. A ordem das palavras é um lugar de variação linguística. Tanto o japonês quanto o alemão são de verbo no final, ilustrado por *hon o yomimasu* ("livros ler") em japonês.

---

[4] Essa restrição hierárquica para determinar a "ligação" entre pronomes e correferentes possíveis tem uma longa história na gramática gerativa moderna. A versão apresentada no texto principal é baseada na versão "clássica" apresentada por Chomsky (1981) em *Lectures on Government and Binding*. Há outras alternativas e formulações mais recentes que não iremos mencionar aqui; veja, por exemplo, Reinhart e Reuland (1993).

Dado que *Merge* constrói expressões hierarquicamente estruturadas como *conjuntos*, a ordem dos dois elementos que formam a "base" de cada triângulo construído mentalmente é irrelevante, e as línguas individuais farão escolhas diferentes sobre como externalizam a estrutura hierárquica, quando palavras devem ser produzidas em alguma ordem temporal sequencial da esquerda para a direita na fala ou nos gestos.

Acreditamos que essa clara divisão de trabalho entre ordem hierárquica e linear tem consequências importantes para a história evolutiva por trás da linguagem humana. Nossa visão é que apenas os humanos possuem *Merge* trabalhando de mãos dadas com elementos semelhantes a palavras. Outros animais não.

A divisão hierárquico-linear pode ser também destacada via nítidas diferenças entre a descrição formal da estrutura linear em oposição à estrutura hierárquica, uma diferença refletida nas descrições computacionais das restrições do sistema sonoro linear da linguagem humana em oposição à sintaxe da linguagem humana (Heinz; Idsardi, 2013, p.114). É claro que os sistemas sonoros da linguagem humana ("fonotática") sempre podem ser descritos em termos de restrições puramente associativas e lineares, ditando que sons podem preceder ou seguir outros sons. Restrições formalmente conhecidas na literatura como *relações regulares*. Por exemplo, os falantes de inglês sabem que *plok* é uma possível sequência de sons ingleses, mas que *ptok* não é. Tais restrições sempre podem ser descritas em termos de máquinas de estado finito. Vejamos como.

Como um exemplo mais realista em termos linguísticos, Heinz e Idsardi citam o caso atestado da harmonia da sibilante em navajo (Athabaskan), que permite "apenas estridentes anteriores (por exemplo, [s, z] ou estridentes não anteriores (por exemplo, [ʃ, ʒ]) (Hansson, 2001; Sapir; Hoijer, 1967). Por exemplo, palavras da forma [... s... s...] são palavras possíveis de navajo, mas palavras da forma [... s... ʃ...] e [... ʃ... s...] não são (Heinz; Idsardi, 2013, p.114). (A estridente ʃ é como o início da palavra portuguesa *ch*á, enquanto ʒ é como o som na palavra portuguesa *já*.) Isso significa que [s] e [ʃ] não podem preceder um ao outro – a elipse indica que qualquer número de sons poderia intervir entre eles. Por exemplo, *dasdolsis* ("ele levantou seu pé") é uma palavra possível do navajo, mas *dasdoliʃ* não é. Crucialmente, todas essas restrições estão baseadas apenas em precedência linear – que sons precedem ou seguem outros sons. É claro que isso está em nítido contraste com *Merge*, que é literalmente cego para relações de precedência, como já vimos.

Agora, restrições em termos de quais sons podem preceder ou seguir outros são a forragem principal para descrições usando máquinas de estado finito. Sempre é possível elaborar restrições de precedência linear desse tipo nos termos de *redes de transição de estado finito* – gráficos rotulados, direcionados com um número finito de estados, arcos rotulados, direcionados entre aqueles estados em que rótulos denotam sons ou classes de equivalências de sons, e estados iniciais e finais designados. Traçar os caminhos por uma rede dessas de um estado inicial para um estado final de círculo duplo expõe todos os arranjos lineares válidos de sons através da sequência de rótulos nos caminhos do estado inicial para o estado final.

Como um exemplo, a porção superior da Figura 4.3 apresenta uma rede de transição de estado finito que captura a restrição do navajo de Heinz e Idsardi, que *s* e *ʃ* não podem preceder um ao outro. Para reduzir a confusão, usa-se os símbolos V para denotar qualquer vogal, e C para denotar qualquer consoante anterior não estridente (isto é, uma consoante que não seja *s* ou *ʃ*). Podemos facilmente conferir que essa rede reforça a restrição necessária rodando uma sequência como *dasdoliʃ*, que não é uma palavra bem formada do navajo (dado que viola a restrição que um *s* não pode ser seguido por *ʃ*) ou *dasdolis*, que é uma palavra do navajo válida. A máquina vai rejeitar aquela e aceitar esta. Não percorreremos os detalhes aqui, mas o leitor interessado pode seguir na nota.[5]

---

5 Para ver que uma rede de transição de estado finito rejeita *dasdoliʃ* como uma palavra navaja válida, porque ela viola a restrição da estridente, começamos

Por que apenas nós?

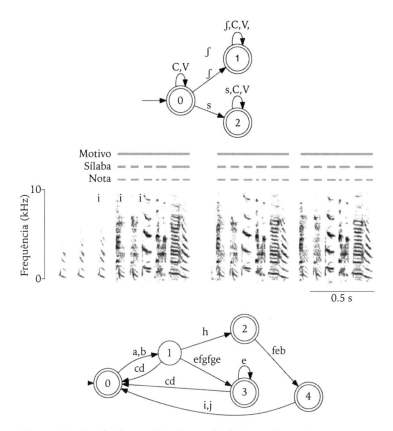

Figura 4.3 – A rede de transição de estado finito analisa o sistema sonoro de uma língua humana e o de uma canção de um pintassilgo, ilustrando sua conexão próxima. (Topo) Diagrama da transição de um estado finito, um gráfico direto rotulado descrevendo uma restrição fonotática para palavras navajas bem formadas, de Heinz e Idsardi (2013). A restrição barra o apare-

    com o círculo aberto rotulado 0. Daí, a consoante *d* nos leva de volta pelo ciclo para o estado inicial 0; similarmente para o próximo símbolo *a*. Agora estamos no estado 0 e o arco direto rotulado *s* nos leva ao estado 1. No estado 1 os sons sucessivos *d, o, l, i* percorrem o ciclo de volta para o estado 1 porque eles são todos consoantes anteriores não estridentes ou vogais. O símbolo final ʃ não possui transições válidas fora do estado 1, assim a máquina anuncia a falha; ela rejeitou *dasdoliʃ* como uma palavra navaja válida. O leitor pode conferir que a rede aceitaria *dasdolis* como uma palavra navaja válida.

cimento de um *s* seguido em qualquer lugar por *ʃ*, ou o oposto; somente *s... s* ou *ʃ... ʃ* são permitidos. As transições C, V denotam qualquer consoante ou vogal que não seja *s* ou *ʃ*. Os estados de círculos duplos são estados finais. Uma palavra é "analisada" começando pelo estado mais à esquerda e, então, percorrendo a palavra caractere por caractere e vendo se se pode terminar em um estado final sem qualquer caractere deixado para trás. (Meio) O espectograma sonoro de uma canção de um pintassilgo-zebra, retratando uma estrutura de camadas. As canções muitas vezes começam com "notas" introdutórias seguidas por um ou mais "temas", que são sequências repetidas de sílabas. Uma "sílaba" é um som ininterrupto, que consiste de um ou mais traços de frequência temporal coerentes, chamados "notas". Uma rendição contínua de vários temas é chamada de um "jorro sonoro". As sílabas marcadas *a, b, ... j* foram determinadas por reconhecimento humano e por ajuda mecânica. (Abaixo) Sequências possíveis de notas ou sons na canção do pintassilgo representadas por uma rede de transição de estado finito. Transições começam com o primeiro estado mais à esquerda. Ligações de transição diretas entre estados estão rotuladas com sequências de notas. Adaptado de Berwick et al. (2011), com permissão da Elsevier.

O mais importante aqui é que essa máquina de três estados finitos pode reforçar a restrição de harmonia corretamente mesmo quando a distância em relação ao número de sons interferindo entre *s* e um *s* correspondente (ou um *ʃ* violador) é arbitrária. A máquina só precisa lembrar duas coisas: se uma palavra já encontrou uma estridente anterior (estado 1) ou uma estridente não anterior (estado 2). Formalmente, dizemos que o conjunto de encadeamentos (ou línguas) aceitos por uma rede dessas forma uma *língua regular*. Note que, enquanto é verdade que tais línguas podem incluir encadeamentos que são arbitrariamente longos, é também verdade em um sentido mais profundo que os padrões capturados pelos encadeamentos são estritamente finitos e limitados, por exemplo, um par de *s*'s separados por uma única consoante não estridente importa tanto quanto um par de *s*'s separados por uma centena de consoantes.

Ser regular, contudo, não nos leva muito longe na descrição do sistema sonoro de uma língua humana. Como Heinz e Idsardi destacam, "enquanto ser regular pode ser uma propriedade *necessária* das generalizações fonológicas, decerto não é suficiente" (Heinz; Idsardi, 2013, p.115). Isto é, sistemas sonoros humanos (e de outros animais) são mais corretamente descritos como um *subconjunto* estrito das línguas regulares – de fato por um subconjunto altamente restrito da classe de todas as redes de transição de estado finito. Não é qualquer rede de estado finito que funcionará, e o mesmo vale para as canções dos pássaros, até onde sabemos. A parte do meio da Figura 4.3 apresenta um ultrassom gravado de um único pintassilgo, enquanto a porção de baixo apresenta uma rede de transição de estado finito modelando essa canção, onde as letras *a, b, … j* denotam trechos da canção como rotulados no ultrassom.

Que restrições adicionais são necessárias para especificar a classe das restrições fonotáticas *naturais*? Pelo menos em parte, elas parecem equivaler a *condições de localidade* particulares – os contextos descrevendo padrões possíveis estão rigidamente limitados de uma forma que descreveremos agora. As redes de transição de estado finito para as restrições fonotáticas que obedecem a restrições de localidade, por hipótese, caem dentro de um dos dois subconjuntos próprios das línguas regulares, ou em (i) línguas regulares *estritamente k-local* ou (ii) línguas regulares *estritamente k-segmentada* (Heinz; Idsardi, 2013). De forma intuitiva, línguas regulares limitadas pelo contexto como essa descrevem padrões que são tanto (i) sequências contíguas particulares até um comprimento fixado k (como em nosso exemplo do inglês que admite sequências de dois elementos como *pl* mas bloqueia *pt*, assim $k = 2$); ou ainda (ii) subsequências, não necessariamente contíguas, até um comprimento limite fixado k (como no exemplo do navajo em que subsequências de dois elementos *s…s* é boa mas *s…ʃ* não é, onde de novo $k = 2$). Em geral, ambas as restrições funcionam a partir do princípio do "contexto limitado", tanto literalmente no encadeamento em si mesmo quanto em relação aos elementos que devem ser "mantidos na memória".

Há um tipo quase similar de restrição na sintaxe. As dependências introduzidas por *Merge interno* são ilimitadas, como na sentença seguinte: *quantos carros você disse aos seus amigos que eles deveriam dizer aos amigos deles ... que eles deveriam dizer ao mecânico para consertar* [x *quantos carros*]. Aqui [x quantos carros] é a cópia apagada na externalização e não há limite no material elidido denotado por "..." (é claro que as substituições possíveis são inúmeras). Há, contudo, evidências de muitas fontes de que a dependência é construída passo a passo: *Merge interno* passa por cada limite oracional, se nada bloqueia *Merge* naquela posição – por exemplo, outra palavra interrogativa. Logo, embora a sentença citada seja boa, a contraparte seguinte bem parecida não é: *quantos carros você disse aos seus amigos por que eles deveriam dizer aos amigos deles ... que eles deveriam dizer ao mecânico para consertar* [x *quantos carros*]. Nesse caso, *por que* aparentemente bloqueia o processo.

A semelhança pode não ser coincidência. Ela pode ilustrar a mesma restrição sobre a busca mínima operando em dois tipos de domínios diferentes; o primeiro é uma estrutura linear, o segundo, uma estrutura hierárquica.

Não vamos nos aprofundar nos detalhes formais desse tema aqui, mas as implicações para a Linguística e para a ciência cognitiva parecem relevantes. Tanto as línguas regulares estritamente locais quanto as estritamente segmentadas podem ser vistas como aprendidas a partir de um número de exemplos positivos computacionalmente viáveis (Heinz, 2010). O importante é que essas duas restrições de localidade excluem muitas regras fonotáticas "não naturais", como aquelas que exigiriam que cada quinto som em uma língua fosse uma consoante de algum tipo – as chamadas línguas "contáveis". Línguas "contáveis" não são línguas naturais.

Ao que parece, restrições como as fonotáticas são também encontradas nas canções dos pássaros. Okanoya (2004) descobriu que a canção do pintassilgo tem esse tipo de restrição, uma variante do que Berwick e Pilato estudaram como línguas de estado finito k-reversíveis, com $k = 2$, um subconjunto, bem próximo, que facilmente se aprende das línguas regulares. Falamos sobre esse assunto um pouco mais na seção seguinte.

Restrições de localidade como essas exercem um papel no estabelecimento de provas de aprendizado para outras versões da gramática gerativa transformacional. Resultados conhecidos nesse sentido incluem a demonstração de Wexler e Culicover (1980), o que eles chamam de "teoria de aprendizagem de grau 2" baseada na noção de "grau limitado de erro", provando que a teoria da gramática transformacional dos anos 1970 podia ser aprendida a partir de exemplos positivos simples de *profundidade* hierárquica limitada. Em um trabalho relacionado, Berwick (1982; 1985) estabeleceu um resultado relacionado de aprendizagem para a teoria de regência e ligação dos anos 1980, também para exemplos positivos simples hierarquicamente limitados, dentro do contexto de um *parser* implementado para gramática transformacional. Essas duas abordagens usaram a noção de "contexto hierárquico limitado" com o objetivo de restringir o domínio sobre o qual o aprendiz poderia formular regras hipotéticas (possivelmente incorretas). Ao tornar esse domínio finito, é possível garantir que, após um número finito de tentativas erradas, o aprendiz encontrará uma hipótese correta – só pode haver um número finito de erros detectáveis e/ou hipóteses formuladas de maneira correta. (Na linguagem terminológica contemporânea das máquinas de aprendizagem, diríamos que as restrições de Wexler-Culicover e Berwick reduzem o espaço dimensional de Vapnik-Chernovenkis ou dimensional-VC de gramáticas/línguas possíveis de um valor infinito para um finito (pequeno), e isso garante a possibilidade de aprendizagem.) Pesquisas preliminares sugerem que restrições de localidade podem ter um papel no estabelecimento da possibilidade de aprendizagem para teorias gramaticais do tipo de *Merge*.

De qualquer forma, o contexto local limitado proporciona pelo menos uma caracterização clara e parcial cognitivamente perspicaz das restrições naturais nos sistemas sonoros que nós e as aves canoras empenhamos para a externalização. Enquanto não sabemos exatamente como redes de transição finitas poderiam estar literalmente implementadas nos cérebros, propostas nesse tema remontam pelo menos a *Representation of Events in Nerve Nets and Finite Automata* [Representação de eventos em redes nervosas e autômatos finitos], de Kleene (1956).

E sobre a computação da estrutura hierárquica? Como já é conhecido faz sessenta anos, isso permanece essencialmente fora do alcance das redes de estado finito. Note que, em termos formais, a álgebra para as línguas definidas por redes de estado finito *devem* obedecer à associatividade sob concatenação de encadeamentos, uma limitação que torna esses sistemas inadequados para descrever estrutura sintática hierárquica. Para ver o porquê, considere apenas três símbolos, c, a e t. Digamos que um círculo aberto $\circ$ denota concatenação de encadeamentos, e para facilidade de leitura usemos parênteses para denotar a ordem de concatenação. Suponha que uma rede de transição de estado finito aceite o encadeamento *cat* ["gato"]. Isso significa que, se c é concatenado primeiro com a, e então o resultado $c \circ a$ é concatenado por sua vez com t, o encadeamento resultante *cat*, ou seja, $(c \circ a) \circ t$, deve ser aceito pela máquina de estado finito. Por associatividade, também é verdade que se a é primeiro concatenado com t, $a \circ t$, e então c é concatenado na frente do resultado, $c \circ (a \circ t)$, isso gera o mesmo encadeamento *cat* e esse encadeamento também deve ser aceito pela mesma máquina. Até aqui, o que fizemos foi reafirmar a definição de associatividade. Agora vem a parte interessante. Se a concatenação linear e a associatividade são *tudo* que temos ao nosso dispor, então isso significa que uma sequência de palavras como *céu azul escuro* não pode ser interpretada como estruturalmente ambígua, compare *(céu azul) escuro* com *céu (azul escuro)*, porque as duas ordens composicionais distintas são equivalentes sob a concatenação associativa de encadeamentos. Mas se não conseguimos separar as duas ordens composicionais diferentes, não conseguimos distinguir as duas estruturas diferentes com dois significados diversos. Essa é a falha conhecida como *capacidade gerativa forte*, isto é, a falha em ser capaz de representar o que tem de ser estruturas distintas, descrito primeiro por Chomsky (1956) como uma razão por que sistemas de estado finito no final das contas falham como descrições do conhecimento linguístico humano.[6]

De um ponto de vista formal, a maquinaria computacional necessária para a estrutura hierárquica foi bem compreendida desde Chomsky (1956): sabemos os requisitos mínimos para construir uma estrutura hierárquica. Lembre-se de que quando juntamos dois objetos sintáticos X e Y, só há dois casos logicamente possíveis: ou X e Y são disjuntos, ou um é uma parte do outro. (Excluímos o caso em que X e Y são idênticos.)

Se X e Y são objetos sintáticos disjuntos, *Merge externo* se aplica, e essa operação pode ser replicada, *grosso modo*, pelas regras do que originalmente Chomsky chamou de gramática de Tipo 2 ou livre de contexto, como mostrado por Berwick e Epstein (1993). Mas, como no caso das línguas regulares e das gramáticas ou máquinas que as espelham, dizer apenas que uma língua é uma língua livre de contexto ou que sua gramática correspondente é livre de contexto não é forte o suficiente, porque há muitas (a maioria) GLCs que não são descrições do conhecimento humano da linguagem, e mais importante, GLCs não funcionam de modo algum como boas descrições do conhecimento humano da linguagem – um fato apontado pelo menos desde Chomsky

---

6 Pode-se tentar imaginar uma saída para esse problema elaborando duas redes lineares diferentes, uma que une *azul* e *escuro* em um tipo de palavra "portmanteau" *azul-escuro*, e outra em que formamos uma nova "palavra" *céu-escuro*. Isso certamente "resolve" o problema de distinguir os dois significados, mas após o fato. Teríamos de fazer isso para *todos* os casos desse tipo, e não é bem o que se deseja. Outras variações desse tipo de esquema que tentam se desviar da estrutura hierárquica vão contra efeitos prosódicos e outras influências da, claro, estrutura hierárquica.

(1957), que iremos descrever brevemente a seguir, e reenfatizado por Chomsky (1976) e por outros desde então.

Se um objeto sintático é uma parte de outro, temos um exemplo de *Merge interno*. Nessa situação é preciso um pouco mais de cuidado para descobrir que, em todos os casos, necessita-se de poder computacional. Uma extensão conhecida que funciona, no sentido em que replica sentenças possíveis e suas estruturas, é conhecida como gramática livre de contexto *múltipla* ou GLCM, como descrita por Stabler (2011), entre outros. A maioria dos detalhes relacionados a essas gramáticas não nos interessa aqui; trazemos o formalismo da GLCM para ilustrar que realmente não há barreira para modelar formal ou computacionalmente teorias baseadas em *Merge*, ou para construir analisadores sintáticos eficientes para esses sistemas, ao contrário do que algumas vezes se alega. Até onde podemos ver, todas as teorias linguísticas contemporâneas que cobrem a mesma variedade de exemplos empíricos – da HPSG à LFG, da TAG à GCC e aos sistemas minimalistas – estão do mesmo lado de um ponto de vista computacional.[7] (Contudo, as teorias diferem empiricamente e em outros aspectos.)

---

7 Especificamente, todas essas teorias podem ser implementadas como analisadores sintáticos que podem rodar no que é chamado *tempo polinomial determinístico no comprimento das sentenças de input* (em alguma máquina de Turing). Essa classe computacional é chamada "P" (para tempo polinomial determinístico) e usualmente é distinguida de computações que rodam em tempo polinomial não determinístico, a classe SN. Um problema que pode ser resolvido em tempo polinomial determinístico em uma máquina de Turing geralmente é considerado computacionalmente viável, enquanto um problema possível de ser resolvido somente em tempo polinomial não determinístico ou pior geralmente é considerado inviável. Ver Barton, Berwick e Ristad (1987) para uma referência tradicional mais antiga sobre teoria da complexidade computacional aplicada às línguas naturais. Como Kobele (2006) nota, o atual estado da arte é que *não* há teoria linguística adequada que *garanta* analisabilidade sintática eficiente. Contudo, essa distinção não significa realmente muita coisa de um ponto de vista cognitivo, porque o fator polinomial associado é tipicamente muito grande para ser de qualquer valor prático – maior do que a sexta potência do comprimento da sentença

Uma GLCM estende gramáticas livres de contexto tradicionais ao incluir variáveis *dentro* de nomes não terminais do lado esquerdo e direito das regras. Essas variáveis podem ser ajustadas da mesma forma que os encadeamentos terminais, e podemos usá-las, então, para de fato "indexar" os objetos sintáticos copiados em uma abordagem baseada em *Merge*. Em outras palavras, ao invés de ter uma regra como SV → verbo SN, adicionamos aos símbolos SV e SN símbolos com variáveis, como segue: SV(x) → verbo SN(x), onde x tem algum valor, um valor de encadeamento como *o que*. É esse poder adicional que nos permite simular o que *Merge interno* faz em alguns casos.[8]

---

de *input* ou mais. Há também um fator polinomial grande do tamanho da gramática que entra nesses resultados. Assim, em todas as abordagens a análise é tanto muito lenta quanto muito rápida, comparando com o que as pessoas fazem. É muito rápida porque esses analisadores podem analisar sentenças que as pessoas não conseguem, tais como sentenças *garden path* e de encaixamento central; é muito lenta porque as pessoas tipicamente podem analisar sentenças em tempo linear ou fazer melhor. Tudo isso significa que nenhuma teoria linguística vigente por si mesma é capaz de lidar com a velocidade humana de análise – algo mais, acima e além da teoria linguística *per se* deve ser adicionado. Note que algumas teorias, como LFG ou HPSG são formalmente *bem mais* complexas computacionalmente do que isso – por exemplo, a HPSG, baseada na unificação geral de gramáticas de atributos de traços, é uma máquina de Turing completa, de modo que *não* há limite formal para os tipos de gramáticas que ela pode descrever. Novamente, não acreditamos que isso realmente importe de um ponto de vista cognitivo, porque os praticantes impõem restrições motivadas empiricamente sobre suas teorias dentro de tais abordagens. Por fim, notamos que teorias linguísticas recentemente propostas como a "Sintaxe simples" de Jackendoff (Culicover; Jackendoff, 2005) também parecem apelar para a unificação geral e dessa forma são igualmente complexas, bem além das teorias mais restritivas das GAAs ou dos sistemas minimalistas. Tais abordagens também propõem de forma redundante essas computações mais poderosas que *Merge* em vários lugares: não apenas para a sintaxe, mas também para a interpretação semântica. Não é claro para nós porque é preciso esse poder duplicado.

8 Carl Pollard (1984) formulou primeiro uma extensão de gramáticas livres de contexto com variáveis, similar a isso é a noção de "gramática de núcleo". Isso é estritamente mais poderoso; veja Vijay-Shanker, Weir e Joshi (1987) para uma discussão perspicaz.

Aqui está um exemplo simplificado para ilustrar. Se temos um objeto sintático como *João descobriu o que* (mais precisamente o objeto sintático baseado em conjuntos correspondendo a esse encadeamento), podemos aplicar *Merge interno* a X = *João descobriu o que* e a Y = *o que*, gerando um objeto sintático maior, como sempre. Chame isso de sintagma "SC", consistindo das palavras *o que João descobriu o que*. Podemos replicar isso em uma GLCM adicionando uma regra livre de contexto convencional expandindo o SC desta forma (os detalhes são irrelevantes) como "Complementizador" seguido por um Sintagma Flexional: SC → C SF. Uma expansão em GLCM correspondente poderia ser escrita como segue, onde agora colocamos encadeamentos de variáveis *x, y* dentro dos nomes não terminais SC e SF: SC (yx) → C SF (x, y). Aqui *yx* denota a concatenação de *x* e *y*, enquanto o SF mantém duas variáveis onde esses encadeamentos são mantidos separadamente. Se *x* = *o que* e *y* = *João comeu o que*, então o encadeamento concatenado *yx* corresponde a *o que João comeu o que*, e as regras adicionadas podem ser feitas de modo a replicar a "cópia" que o *Merge interno* executa. (Omitimos os detalhes aqui que mostram como isso é feito exatamente. Os leitores interessados podem consultar Kobele (2006), Stabler (2012) ou Graf (2013).)

Não podemos enfatizar o bastante que nem GLCs nem GLCMs são descrições corretas das línguas humanas. Assim como gramáticas de rede de transição de estado finito ou suas linguagens correspondentes, elas muito facilmente descrevem várias línguas e estruturas que nunca são atestadas. Mais importante, elas não geram as *estruturas* corretas nas línguas humanas que *são* atestadas – problema similar a *céu azul escuro*. E algumas vezes elas conseguem fazer isso, mas apenas dependendo de uma enorme lista de regras estranhas. Aqui temos um exemplo.

Berwick (1982; 2015) e Stabler (2011; 2012) demonstram que para GLCs e GLCMs replicarem apropriadamente os padrões das questões-*wh* observados no inglês, é necessário impor restrições no topo desses sistemas *post facto*, essencialmente como uma lista de todos os sintagmas excluídos entre o *what* ["o que"] fronteado e sua posição (ilícita) após *read* ["ler"]. Isso leva a uma expansão exponencial do tamanho das GLCs e GLCMs resultantes, uma bandeira vermelha indica que esses sistemas estão simples e explicitamente listando as possibilidades ao invés de capturá-las como uma regra sistemática e concisa. A generalização correta de restrições como essa não tem de listar os tipos particulares de sintagmas entre *what* e o objeto de *read* porque em uma primeira aproximação o sintagma (copiado) que sofreu *Merge interno* não se preocupa com o que está entre onde ele inicia e onde ele termina, a menos que algum elemento interveniente bloqueie um *Merge interno* adicional, da forma discutida nos exemplos dos "carros e mecânicos". Em síntese, os sistemas com essas restrições parafusadas carecem de *adequação explicativa* no sentido de Chomsky (1965), como descrito formalmente em Berwick (1982; 1985).

Essa sequência de estado finito para autômato de pilha para autômato de pilha estendido tem algo de anel da progressão evolutiva, sugerindo um cenário evolutivo subjacente, mas acreditamos que isso é um chamariz. Devemos resistir a essa sugestão. É muito fácil imaginar uma *Scala Naturae* medieval se escondendo aqui, uma humilde ameba em uma terra de estado finito, os primatas escalando a pilha, conosco *ad astra per aspera*[9] através de mais um salto para a sensibilidade ao contexto ameno no final da história. Alguns propuseram exatamente isso; ver Steedman (2014), que mencionaremos na nota 10 (p.152). Mas há uma pegadinha nesse filme da ameba em direção aos céus, a armadilha da máquina de Turing que King e Gallistel (2009) enfatizaram. Parece que a navegação dos insetos, como as formigas com GPS interno que retornam para seus ninhos com comida, requer a habilidade de "ler de" e "escrever para" células de me-

---

9 Em latim no original: por ásperos caminhos até os astros.

mória simples como fitas magnéticas. Mas, se for assim, é tudo de que se precisa para uma máquina de Turing. Se tudo isso for verdadeiro, então as formigas já escalaram toda a escadaria da natureza. O problema, mais uma vez, é que aparentemente as formigas não constroem expressões hierárquicas arbitrariamente complexas do modo como os humanos fazem.[10]

---

10 Steedman (2014) explicitamente argumentou a favor de uma transição evolutiva entre sistemas como gramáticas livres de contexto para aquelas gramáticas livres de contexto com "um pouco mais", como as GLCMs. Isso é, talvez, uma linha equivocada natural para a "capacidade gerativa fraca", mas não vemos como funciona com *Merge*. Dar um autômato de pilha para as gramáticas livres de contexto, além de um espaço para uma pilha linear adicional para variáveis como nas GLCMs, produz "línguas levemente sensíveis aos contexto"; veja Vijay-Shanker et al. (1987). Steedman sustenta que isso é alguma "afinação" incremental evolutiva de uma arquitetura do tipo pilha. Não estamos convencidos. Não parece haver nenhuma quebra natural entre *Merge externo* e *Merge interno*, há simplesmente *Merge*, e a interrogativa-*qu* mais simples, que é ainda livre de contexto, invoca uma versão interna de *Merge*. Steedman também atribui bastante poder para a evolução pela seleção natural, afirmando que ela "resolveu" o problema da aquisição *off-line:* "A aprendizagem tem de ser feita com os recursos limitados das máquinas finitas individuais. A evolução possui recursos virtualmente ilimitados, com inúmeros processos limitados apenas pelas limitações físicas do planeta, e tempo de processamento limitado apenas pela existência continuada do último. Ela essencialmente funciona tentando toda variação possível em toda variação viável por ora" (2014, p.3). Isso é incorreto e revela uma má compreensão da evolução por seleção natural. A seleção não é algum "ácido algorítmico universal" que serve como um tipo de Pedra Filosofal, como certos autores consideram. Espaços de sequência genômica e morfobiológica são vastos, e a vida explorou somente um pequeno canto desse espaço imenso de possibilidades. Teóricos da evolução como Martin Nowak pensaram mais seriamente sobre essa questão e estabeleceram fortes limites sobre o poder algorítmico da evolução (Chatterjee et al., 2014), mostrando que pode se demorar demais para encontrar "soluções" para os problemas usando a seleção natural – frequentemente se leva uma quantidade de tempo computacionalmente intratável, além, muito além do tempo de vida do universo mesmo para "problemas" biológicos cotidianos como otimizar a função de um único gene. (Veja nota 11 no Capítulo 1, que faz referência à demonstração de Chatterjee e Nowak que invoca o paralelismo inerente com organismos diferentes e genomas levemente diferentes, o que não é o suficiente.) Assim,

Resumindo nossa resposta para a questão "o que" por ora, estabelecemos uma linha clara e luminosa entre nós e todos os outros animais: nós, mas não os outros animais, temos *Merge*, e como consequência nós, mas não os outros animais, podemos construir séries ilimitadas de expressões hierarquicamente estruturadas, com a propriedade onipresente do deslocamento, às vezes baseada em elementos atômicos semelhantes a palavras dependentes da mente, e com interpretações determinadas nas interfaces em cada estágio de geração. Também descrevemos, mais uma vez assentados em um nível abstrato, a maquinaria computacional para computar essas expressões. Juntamente com muitos outros, achamos que isso pode ser feito com uma "*wetware*" cortical existente modificada, embora tenhamos algumas especulações adicionais sobre o que é preciso ao final deste capítulo.

Tudo isso poderia ser visto como uma resposta para o que David Marr (1982) chamou de o primeiro nível de análise de qualquer sistema processador de informação – que problema está sendo resolvido. Como a Propriedade Básica é computada? Como o sistema linguístico une expressões hierárquicas arbitrárias? Para além disso ficam as questões de Marr sobre dois outros níveis – aquele dos algoritmos e das implementações. Podemos dizer algo mais sobre a resposta a "o que" em relação aos níveis de Marr?

O desafio conhecido é que há muitos, muitos algoritmos e implementações que podem cumprir a tarefa. Isso é um problema. O

---

em resposta à questão se a evolução pela seleção natural tem "tempo e mundo suficientes" para resolver os problemas que Steedman supõe que ela pode, a resposta simples é não. A seleção natural fez muitas coisas maravilhosas. Mas não pode fazer tudo, nem perto disso. Como Mayr (1995) e Lane (2015) nos lembram, ela conseguiu fazer a vida complexa evoluir exatamente uma vez. Assim como a linguagem. Fazendo eco a Sean Rice (2004), achamos a citação otimista de Steedman sobre a seleção natural mal colocada, um dos equívocos populares sobre evolução mais amplamente sustentados.

que sabemos sobre a cognição humana subdetermina as escolhas aqui – e o mesmo com as implicações evolutivas. Quase tudo que podemos dizer é bem banal: que palavras subordinadas à mente trabalham em conjunto com a Propriedade Básica. Isso nos dá uma espécie de guia sobre o que podemos esperar encontrar no cérebro, como descrevemos ao final deste capítulo. O que mais?

Até onde algoritmos e implementações vão, a famosa frase de Richard Feynman (1959) se aplica com perfeição: "Há muito espaço embaixo". Não apenas há muito espaço embaixo, como quarteirões podem ser sublocados no meio e níveis com coberturas também. Há mundos sequer sonhados em qualquer filosofia de neurofisiologista "embaixo" – circuitos *wetware* estão sendo classificados apenas nos termos mais grosseiros possíveis como "memórias de trabalho seriais", "codificação esparsa", "cadeias *synfire*", "codificação da população", e coisas do tipo. Estas dificilmente começam a enumerar as possibilidades de que os arquitetos reais da computação podem se valer. Muito, muito pouco conhecimento do design de circuitos com camadas abstratas sistemáticos, da arquitetura do fluxo de dados, até designs de CPU conduzidos, até processamento assincrônico, tem de trilhar seu caminho até a prática da modelação cognitiva. Uma olhada em um livro tradicional sobre arquitetura da computação (por exemplo, Hennessy; Patterson, 2011) revela uma cornucópia de ideias de design. Quase quarenta anos atrás, um de nós (Berwick) notou que mesmo uma vislumbrada nas premissas – a introdução da menor quantidade possível de paralelismo em uma instrução – poderia colocar o que de outra forma eram consideradas teorias linguísticas disparatadas no mesmo balaio de predições psicolinguísticas.

Considere apenas o nível algorítmico, colocando de lado por ora a ampla gama de implementações possíveis, dado qualquer algoritmo particular. Tome o algoritmo mais simples para computar expressões hierárquicas ordinárias. Um manual tradicional sobre *parsers* livres de contexto descreverá várias abordagens diferentes. Uma visão ingênua nos faria usar algum tipo de "autômato de pilha", dado que é isso que a teoria linguística formal cotidiana nos diz. Além disso, o Capítulo 1 notou que implementar autômatos de pilha ainda parece problemático em redes bioenergeticamente realistas.

Manuais sobre *parsing* de línguas naturais oferecem abordagens detalhadas de como isso se faz. Talvez os algoritmos mais usados para computações livres de contexto tipicamente não usem nenhum autômato de pilha. Ao contrário, esses métodos, como o de Cocke-Kasami-Younger (1967) ou os algoritmos de Earley (1970), têm uma forma *indireta* de proporcionar a mesma informação que um autômato de pilha.

Como eles funcionam? Dada alguma sentença com o comprimento de *n* palavras, esses métodos constroem tipicamente algo como o topo superior de um *n* através de uma série *n*, uma matriz de duas dimensões, e a "preenchem" pouco a pouco com elementos que sofreram "*Merge*" rotulados indo para certas células dependendo de se aquilo que sofreu *Merge* pode ser rotulado de forma correta. Por exemplo, dado *João leu livros*, a matriz teria o tamanho de 3 x 3 células, e um rótulo para o resultado de unir *leu* e *livros* ocuparia as células 2, 3. Em uma gramática livre de contexto convencional é comum especificar o rótulo correspondente: se há uma regra combinando um verbo e um SN em um SV, então, como vimos antes, o rótulo é apenas um SV, e o colocaríamos na célula na posição (2,3). Tudo isso parece mesmo bastante plausível de um ponto de vista de baixo nível neural, onde podemos prever as células matriz como locais de memória. (Notamos a seguir que estes não precisam ser "endereçados" como nos computadores convencionais.)[11]

---

11 Deixamos de lado todos os desenvolvimentos em abordagens do tipo de multiplicação de matriz, incluindo cálculos da matemática tensorial que mais recentemente se tornaram viáveis na comunidade de linguística computacional. Ver, por exemplo, Humplik, Hill e Nowak (2012).

Onde o autômato de pilha entra nessa figura? As *colunas* das matrizes implicitamente representam posições na pilha. Essa falta de uma pilha "transparente" não deveria ser surpresa. Considere uma máquina de Turing, que no fim das contas deve ser capaz de executar qualquer computação. As máquinas de Turing também não possuem pilhas; essas devem ser "emuladas", em geral de forma indireta e dolorosa, como qualquer estudante que tenha tentado fazer um exercício em "programação" de máquina de Turing terá descoberto. Extensões simples para GLCMs e *Merge interno/externo* podem ser encontradas em Kobele (2006) ou Kallmeyer (2010).

Na verdade, poucos algoritmos de análise explicitamente constroem "árvores analisadas" também. Muitas vezes estas são deixadas implícitas, porque computá-las quase sempre é um desperdício de fontes computacionais preciosas. Ao invés disso, qualquer interpretação semântica pode ser lida procedimentalmente a partir da ordem em que *Merge* ocorre. Assim como com as pilhas, a falta de estruturas arbóreas explícitas na linguagem da computação aparentemente também confundiu alguns cientistas cognitivos que insistem que as estruturas arbóreas (estruturas gráficas) são essenciais e assim impõem um *requisito necessário* nas representações linguísticas mentais/cognitivas; logo, vemos abordagens linguísticas assumindo que estruturas arbóreas devem ser descartadas como cognitivamente irreais. Isso é duplamente incorreto. A teoria linguística nunca impôs uma restrição dessas; na verdade, é bem o oposto. Como o linguista Howard Lasnik (2000) cuidadosamente explicou, as representações nas formulações originais da gramática transformacional eram conjuntísticas, não árvores grafoteóricas: árvores são apenas uma ajuda pedagógica. Lembre-se de que a Propriedade Básica também constrói conjuntos.

Representações baseadas em conjuntos de fato são bem compatíveis com concepções da arquitetura neural que usam o que algumas vezes se chama memória de conteúdo endereçável, de tempos em tempos sugerida como uma organização mais plausível para a memória humana ao invés do endereçamento convencional usado na arquitetura ordinária de notebooks. Em um computador convencional, endereços rodam como números de casas em uma rua: localize a casa n.114 porque ela está depois da n.112, ou talvez porque uma olhada em um livro de endereços nos diga o número. Com um sistema de conteúdo endereçável, memórias são recuperadas considerando as características da casa: a de telha cinza contemporânea com vários andares ao lado de um lago. As buscas são feitas por correspondência de características.

Isso tudo deveria soar muito familiar. Com certeza é um retrato confortável para psicólogos contemporâneos da compreensão sentencial; veja a resenha de Van Dyke e Johns (2012). Mas é também bem compatível com abordagens baseadas em *Merge*. Como assim? Lembre-se de que o âmago da estrutura unida por *Merge* consiste de dois objetos sintáticos mais um rótulo. O rótulo por si mesmo provê um conjunto de traços, guarnecendo conteúdo para buscas; os objetos sintáticos abaixo também possuem traços rotulados, recursivamente, ou ainda lançados nos termos dos traços de átomos semelhantes a palavras. Em um primeiro momento, você poderia pensar que essa solda de traços envolveria tudo, mas não é assim. Na verdade, ao longo do final dos anos 1960 e nos anos 1970, a memória de conteúdo endereçável estava sendo usada amplamente para decomposição hierárquica de imagens visuais; veja, por exemplo, o extenso trabalho bem conhecido de Azriel Rosenfeld e Harry Samet sobre *"quadtrees"* na Universidade de Maryland (Rosenfeld, 1982; Samet; Rosenfeld, 1980). Rosenfeld mostrou que a memória de conteúdo endereçável proporciona uma implementação simples, eficiente e natural da estrutura hierárquica.

Não discutiremos mais esse tema, exceto para notar de novo que parece haver alguma confusão sobre o fato de a estrutura hierárquica não se prestar ela mesma para representar com facilidade sistemas de memória com conteúdo endereçável presumivelmente mais "parecidos com o cérebro". Ao contrário, os resultados tradicionais em ciência da computação mostram que isso está errado. Por que então não encontramos esse tipo de memória em uso mais amplo? Economia. Uma razão para o abandono da memória de conteúdo endereçável poucas décadas atrás era o custo. Não havia desvantagem conceitual, apenas competitiva. Circuitos integrados de larga escala com endereçamento tradicional eram mais baratos. Os cientistas cognitivos que querem adquirir uma completa apreciação da ampla gama de "implementações" possíveis compatíveis mesmo com computadores de silício convencionais fariam bem em examinar a história[12] do design da arquitetura de computadores de conteúdo endereçável.

Também há flexibilidade na ordem de execução desses algoritmos. Sabe-se há muito tempo que, usando métodos de programação dinâmicos e "memorizando" resultados parciais, pode-se alterar os padrões de busca usados nos algoritmos CKY ou Earley para trabalhar estritamente *top-down*, estritamente *bottom-up*, ou qualquer variante logicamente consistente entre elas. Os métodos não ditam uma *ordem* específica em que as células serão preenchidas. Isso é bem conhecido pela comunidade

---

12 Um exemplo particularmente claro dessa confusão sobre estrutura arbórea pode ser encontrado em Marcus (2009). Aqui Marcus argumenta que estava errado ao dizer, como fez no seu livro *The Algebraic Mind* (Marcus, 2001), que "A mente possui um modo neural de representar 'árvores arbitrárias', como aquelas árvores sintáticas comumente encontradas na Linguística" (2009, p.17). De fato ele estava errado – mas não porque a existência de árvores linguísticas implica a necessidade de representar as árvores neuralmente. Não há essa necessidade, porque as estruturas linguísticas arbóreas não são necessárias para a teoria linguística de qualquer forma. Marcus também tenta argumentar que a memória de conteúdo endereçável reflete o tipo correto de propriedades que esperaríamos de um sistema neural humano biologicamente plausível, e que essas memórias de conteúdo endereçável são também inadequadas para representar a estrutura hierárquica arbórea. Essa linha de discussão é, assim, duplamente incorreta.

de pesquisadores que estudaram com atenção abordagens de "análise [*parsing*] como dedução".

Mesmo depois de trinta anos de trabalho, novos resultados continuam a surgir anualmente mostrando como alterar esses padrões de computação para melhor se equiparar ao peso de processamento observado nos humanos. Isso permanece um campo aberto; ver, por exemplo, Schuler et al. (2010), para um método conhecido por mais de 25 anos que "gira" uma estrutura aparentemente ramificada de uma língua para permitir o processamento de sentenças de forma que o peso da memória não aumente de modo desnecessário conforme se prossiga da esquerda para a direita através de uma sentença. Na verdade, uma versão da mesma solução foi oferecida várias décadas atrás primeiro por Stabler (1991) para mostrar que *não* há contradição entre as três premissas seguintes: (1) compreensão incremental, a interpretação tão logo quanto possível das palavras da sentença; (2) estrutura sintática de ramificação à direita; e (3) uso direto de uma "gramática da competência" linguística. Enquanto alguns rejeitam a pressão das suposições (2) e/ou (3), Stabler demonstra que é bem fácil satisfazer todas as premissas caso se permita misturar os passos. Como Stabler nota, pode-se *iniciar* construindo e interpretando unidades combinadas antes de construí-las completamente, assim como é possível iniciar o preparo e então começar a servir a refeição sem terminar toda a operação antes, "a salada pode ir para a travessa antes de o bife ficar pronto" (1991, p.201).

Para descrever todos esses truques do mercado de algoritmos seria necessário outro livro, e não é nosso propósito aqui escrever um livro sobre processamento de linguagem natural. Nosso argumento é que simplesmente há *muitos tipos* diferentes de algoritmos para explorar, cada um com implicações possíveis diferentes tanto para a fidelidade psicolinguística quanto para a mudança evolutiva – imaginando que no final das contas um *parser* eficiente de alguma forma é importante para o sucesso evolutivo.

Contudo, ainda não terminamos. Todas as possibilidades discutidas até agora giram em torno de computação *serial*. Há um conjunto similar de algoritmos paralelos distintos para análise linguística do tipo de *Merge* – o que de novo pode ter implicações evolutivas. Apontaremos um método básico aqui: uma implementação projetada para circuitos VLSI (*"very large scale integrated"*) (Koulouris et al., 1998). Mais uma vez isso se baseia em um método *array* ou matriz, uma versão de silício do algoritmo de Earley. As matrizes se conduzem a formas simples de computação paralela, pois podemos preencher alguns elementos ao mesmo tempo, percorrendo colunas em paralelo. Em um exemplo como *O menino lê livros*, o rótulo e as operações de *Merge* para *lê livros* podem ocorrer ao mesmo tempo que aquelas para *o menino*. Há muitos detalhes sobre como coordenar essas computações, mas não temos espaço aqui para cobri-las, pois se estendem sobre uma variedade de diferentes tipos de arquiteturas de computador paralelas, tanto "grosseiras", quando as unidades interconectadas são grandes, quanto "refinadas", quando as unidades são pequenas. O paralelismo grosseiro *versus* refinado foi tratado pelo menos em parte em relação à versão mais antiga da gramática transformacional, a teoria de Princípios de Parâmetros (P&P) (Fong, 1991). É fácil ver como o paralelismo grosseiro funciona aqui: a teoria P&P possui por volta de vinte módulos esquisitos (Teoria do Caso, Princípio da Categoria Vazia, Teoria X-barra, Teoria da Ligação...) que conspiram para licenciar estruturas sentenciais possíveis. Alguns deles podem rodar independentemente um do outro, enquanto outros, como a Teoria da Ligação, que ilustramos antes com as sentenças do *Max*, dependem da computação prévia de configurações estruturais. Fong fez uma investigação inicial sobre quais deles poderiam ser co-ocorrentes (rodar um com o outro) e quais rodam separadamente, calculando o peso resultante de desempenho. De novo, uma análise completa desse tipo de entrelaçamento mais sofisticado de uma teoria gramatical em larga escala permanece uma tarefa a ser cumprida, para ver se os detalhes poderiam realmente importar. Até onde sabemos, não têm ocorrido tentativas de implementar uma versão paralela de um *parser* para um sistema mais contemporâneo com *Merge*.

E a implementação do terceiro nível de Marr? De novo nos deparamos com muitas opções em aberto. Leitores que desejam explorar essa questão dentro do contexto de um único algoritmo para *parsers* livre de contexto, com extensões claras para o *parser* da abordagem minimalista, podem consultar Graham, Harrison e Ruzzo (1980) e descobrirão que os métodos do tipo CKY possuem dezenas de escolhas para implementação, dependendo de como, exatamente, a arquitetura do computador poderia estocar listas na memória, pré-compilar cadeias de regras, e coisas do tipo. Não temos o conhecimento detalhado mesmo para selecionar entre classes equivalentes de possibilidades aqui, porque cada uma delas pode levar para desempenhos computacionais amplamente diferentes. Não importa: é claro que os problemas de Feynman e Gallistel persistem.

Quem?

Sabemos que os outros animais são excelentes em muitas tarefas cognitivas desafiadoras. Corvídeos – pássaros da família dos corvos – são muito espertos em vários domínios cognitivos. Possuem a habilidade de fazer ferramentas, executar raciocínio espacial e causal, e lembrar a localização e a qualidade de comida escondida. O *Aphelocoma californica* (*western scrub jays*) pode baixar, em fendas, cordas amarradas em torno de pequenos seixos para seduzir formigas para o almoço.

Enquanto alguns pássaros como codornas e galinhas não são aprendizes vocais, aves canoras são capazes de aprendizagem vocal sofisticada. As aves canoras machos instruem os jovens, que devem aprender a canção do tutor, algumas vezes com certas modificações para usar suas canções como avisos territoriais ou chamados de disponibilidade sexual. Como nos humanos, eles também possuem o lado esquerdo do cérebro dominante. E, como nos humanos, há também um período crítico para a aprendizagem interrompido na puberdade pela testosterona.

Com muitas similaridades tão claras, não é surpreendente que pelo menos desde o tempo de Aristóteles as pessoas ponderassem se as canções dos pássaros servem como um bom modelo para a linguagem. Contudo, dado o que sabemos, a conclusão é que o canto dos pássaros é apenas um modelo para a fala, quando muito – mas não da linguagem. Como Berwick et al. (2011, p.2) notam, "a maioria das propriedades sintáticas das línguas humanas não são encontradas no canto dos pássaros. As únicas exceções estão relacionadas aos sistemas sonoros humanos". Isso é bem evidente em qualquer análise formal do canto dos pássaros e suas similaridades e diferenças em relação à linguagem humana; a Tabela 1 em Berwick et al. (2011) proporciona um resumo. De dezesseis propriedades-chave da sintaxe da linguagem humana, somente duas são encontradas tanto no canto dos pássaros quanto na sintaxe das línguas humanas: dependências baseadas em adjacência e agrupamentos em "porções".

Podemos resumir isso de forma ordenada como segue: tanto o canto dos pássaros quanto o sistema sonoro de externalização das línguas humanas possuem dependências baseadas em precedência, descritas via redes de transição de estado finito. Todas as *outras* propriedades-chave da sintaxe da linguagem humana estão ausentes no canto dos pássaros. Isso inclui dependências não adjacentes ilimitadas, estrutura hierárquica, regras sintáticas dependentes de estrutura e o aparente "deslocamento" de sintagmas copiados.

Como vimos na seção anterior, as redes de transição de estado finito que descrevem o canto dos pássaros são em alguns aspectos as mesmas restrições fonotáticas humanas, porém muito mais altamente restritas. O canto de algumas espécies, como o Manon, *Lonchuria striata domestica*, está entre os mais complexos conhecidos. Para analisar o canto dos Manons se pode escrever todas as sequências de notas possíveis que os pássaros podem produzir. Lembre-se de que a Figura 4.3 (a porção média) ilustrava um exemplo particular de um único pintassilgo, demonstrando uma ultrassonografia "segmentada" por um pesquisador humano em sílabas, rotuladas *a*, *b*, *c*, *d*, *e* e assim por diante, até o *j*. A parte de baixo da Figura 4.3 mostrava o diagrama de transição linear correspondente para o canto do pássaro, que objetivava capturar todas as sequências silábicas que o pássaro pode produzir. As letras simples como *a*, *b*, *c* correspondem aos mesmos rótulos dos "segmentos" no ultrassom.

Em uma rede de transição de estado finito como essa, mesmo canções arbitrariamente longas que parecem ciclos têm uma característica repetitiva trivial que é muito mais simples que a linguagem humana. E mesmo nesse caso, não é totalmente claro que os pássaros façam "uso infinito de meios finitos", porque as repetições indefinidas poderiam não importar de fato no contexto etológico do canto. (Enquanto há uma variedade de casos em que a repetição parece ter um papel como um indicativo de adequação para uma fêmea, não é claro que 71 repetições seriam de alguma forma diferentes de 70.) Além disso, essas repetições são mais simples que na sintaxe da linguagem humana. Parece que os sistemas sonoros humanos como o do navajo ou do turco são mais expressivos que o canto dos pássaros – eles contêm dependências harmônicas de "longa distância", de modo que um som particular no início de uma palavra deve concordar (harmonizar) com um som no final, com qualquer comprimento de sons interferentes no meio. Esse último tipo de "harmonia" de longa distância nunca foi encontrado no canto dos pássaros, embora haja novas pesquisas indicando que algum tipo de correlação estrutural de longo alcance possa estar presente no canto dos canários (Markowitz et al., 2013). Se for assim, o canto dos pássaros ainda permaneceria dentro de duas restrições próximas descritas por Heinz e Idsardi.

O argumento essencial que usamos várias vezes é que o canto dos pássaros *nunca* fica mais complexo do que isso. Enquanto a segmentação *linear é encontrada no canto dos pássaros* – uma sequência de trinado/pio pode ser "segmentada" como uma *única unidade de percepção ou produção, chamada de tema,* e enquanto os temas podem ser repetidos, não há temas encontrados que por sua vez contenham outros temas – por exemplo, uma combinação de pio-trinado que esteja contida dentro de um tema gorjeado.[13]

Partindo do trabalho de Berwick e Pilato (1987), Kazuo Okanoya (2004) foi capaz de mostrar que o canto dos pássaros pode ser descrito por redes em que é provavelmente verdadeiro que adultos possam "ensinar" os jovens de forma eficiente cantando canções de exemplo que seguem padrões bem restritos, o que chamamos de "contexto limitado". Isso é conhecido como as redes de transição de estado finito *reversível-k*, e os encadeamentos musicais resultantes como línguas de rede de transição de estado finito reversível-*k*. De modo intuitivo, reversibilidade-*k* significa que qualquer escolha não determinista em qualquer estado pode ser resolvida olhando-se para o contexto local anterior de "segmentos silábicos" *k*. A parte *eficiente* dessa restrição significa que os jovens podem aprender a partir de um número de exemplos computacionalmente eficientes. Nesse caso, então, tal restrição

---

13 Há trabalhos recentes sobre os macacos Campbell sugerindo que eles possuem um processo de "formação de palavras" parecido com o da linguagem humana, em que uma "raiz" é modificada por um "afixo". Essa alegação é controversa. De qualquer forma, a computação necessária é até mais simples que uma rede de transição de estado finito, e não há representações hierárquicas unidas, de novo como na linguagem humana, ilustradas por exemplos conhecidos como a palavra *unlockable*, que pode ser estruturada em pelo menos duas formas hierárquicas diferentes que geram dois significados distintos, *(unlock)-able* ["ser capaz de destravar"] ou *un-lockable* ["incapaz de travar"]. A análise mostra que o processo não é associativo, mas todas as redes de transição de estado finito, por definição, podem gerar somente línguas associativas.

resolve para o canto dos pássaros uma das questões clássicas levantadas na Linguística: como o "conhecimento da linguagem" (aqui o canto dos pássaros) é adquirido? Se os resultados anteriores estão no caminho certo, então no caso do canto dos pássaros parece que isso pode ser resolvido diminuindo o conjunto de classes de línguas a ser aprendidas. A informação *a priori* que os jovens trazem para a aprendizagem é que a canção que eles adquirem deve ser retirada da classe de línguas reversíveis-k. (Pode haver outras restrições além dessa em particular para o canto dos pássaros, mas isso não foi totalmente explorado.)

Como nossa visão sobre o canto dos pássaros e outras habilidades não humanas contribuem para qualquer história evolutiva? Se os animais não humanos podem fazer quase tudo que nós podemos, essa quase proximidade com apenas uma descontinuidade proeminente – *Merge* – resolve em parte o dilema que Darwin e Wallace enfrentaram em relação à evolução da linguagem. Por exemplo, Fitch (2010, p.327-8) observa que os sistemas auditivo e vocal dos primatas podem estar essencialmente "pronto para a linguagem":

> [...] *não* há demonstrações convincentes de mecanismos de percepção da fala que são limitados aos sons da fala e exclusivos aos ouvintes humanos, e a premissa segura no momento é que a percepção da fala está baseada em mecanismos de processamento perceptual amplamente compartilhados com outros animais. As diferenças finas que existem não parecem representar um grande impedimento na percepção sonora, ou não parecem ser de uma magnitude que teria imposto uma barreira significante para a evolução da fala nos hominídeos primitivos. [...] Eu concluo que a percepção auditiva nos mamíferos não humanos é perfeitamente adequada para a percepção da fala, e que a anatomia do trato vocal nos mamíferos permitiria a eles produzir uma variedade de sons perceptualmente diferentes, isso com certeza seria o suficiente para um sistema de comunicação falado básico.

Dada essa "prontidão para a linguagem", para a aprendizagem vocal e para a produção, se o cérebro primata de fato está "sintonizado" para as propriedades fonéticas ou fonêmicas da linguagem, mas o ouvido símio não ouve nada além de barulho, enquanto as crianças extraem material linguisticamente relevante do barulho, temos evidência instantânea para algum tipo de processamento interno específico nos bebês humanos, ausente nos outros primatas. Iremos deixar de lado esse problema, por ora.

E *Merge* no canto dos pássaros? Como notado, os pássaros não cantam temas dentro de temas, isto é, um trinado-pio que em si mesmo poderia ser rotulado como, digamos, trinado. Também não há evidência experimental convincente de que as aves canoras possam ser mesmo treinadas para "reconhecer" os padrões hierárquicos que *Merge* produz. Todas as tentativas de se conseguir aprendizes vocais sofisticados, como os pintassilgos ou estorninhos europeus, para aprender padrões hierárquicos ou *não lineares* falharam de um jeito ou de outro, como discutido por Beckers, Bolhuis e Berwick (2012). Tipicamente centenas de experimentos estímulo/recompensa são necessários para treinar pássaros para ter sucesso em qualquer tarefa de aprendizagem em "linguagem artificial". Claro, não há mapeamento aqui para qualquer interface conceitual-intencional, apenas externalização, o que é periférico para a linguagem.

Uma exceção a esse padrão de falhas repetidas – pelo menos à primeira vista – vem do trabalho de Abe e Watanabe (2012), que modificaram o canto de verdade dos pintassilgos para treinamento e então usaram somente sessenta minutos de familiarização com línguas de testagem. Os pássaros foram expostos a padrões de notas nos padrões das formas $A_2 A_1 C F_1 F_2$ ou $A_2 A_3 C F_3 F_2$, e assim por diante, para ver se conseguiriam distinguir sentenças "aninhadas" bem formadas das malformadas. Aqui, os subscritos nos As e Fs indicam que eles precisam ser compatíveis de alguma forma, na ordem dada, e C é uma nota que marca o meio do padrão. Note que os padrões corretos não podem ser gerados por redes de transição de estado finito – caso se permita que o padrão se torne arbitrariamente longo. (Se os padrões são curtos o bastante, eles podem ser memorizados.) Então, testou-se os pássaros para ver se seriam capazes de reconhecer a diferença entre os padrões corretos e padrões malformados tais como A$_3$ A$_2$ C F$_2$ F$_4$. Abe e Watanabe alegaram que eles foram bem-sucedidos nesta tarefa – reconhecer um padrão além das simples concatenações lineares, um padrão hierárquico.

Contudo, Abe e Watanabe construíram seus materiais experimentais de modo inapropriado. Acontece que os pássaros poderiam muito bem ter memorizado cadeias de cinco sílabas sem usar qualquer computação estrutural subjacente. Basta isso para distinguir entre padrões de notas corretos e incorretos (veja Beckers; Bolhuis; Berwick, 2012 para os detalhes). Esse problema metodológico poderia ser consertado através de uma construção mais cuidadosa dos materiais experimentais, mas até agora o experimento dos requisitos não foi realizado com essa correção. De maneira sucinta, então, não há evidência sólida de que todas as aves canoras executem quaisquer computações de "externalização" além daquelas expressas via computações de estado finito k-reversíveis, e somente a externalização, que crucialmente não é linguagem. Isso responde a parte da questão "quem" em nosso "quem é o culpado". As aves canoras foram eliminadas como possíveis suspeitos.

E os outros animais não humanos? Sugeriu-se há muito tempo que nossos parentes vivos mais próximos, os primatas não humanos, são bons candidatos. Contudo, talvez de modo surpreendente, eles apresentam as mesmas limitações que as aves canoras. Por exemplo, há várias tentativas bem conhecidas de se "ensinar" uma língua humana para chimpanzés. Entre as mais célebres está o Projeto Nim. Pesquisadores em Columbia tentaram ensinar a Língua de Sinais Americana (ASL) para Nim. Eles falharam. Na verdade, tudo que Nim foi capaz de aprender sobre a ASL foi um tipo de roteiro de memorização – sequências de sinais lineares (curtas). Ele nunca progrediu a ponto de produzir sentenças encaixadas claramente estruturadas de modo hierárquico, o que qualquer criança normal na idade de 3 ou 4 anos pode fazer. (Logo, logo veremos como se poderia determinar isso formalmente.) Se Nim desejasse uma maçã, ele percorreria seu catálogo de sinais individuais que estivessem associados a *maçã*, recuperando *Nim maçã, maçã Nim, maçã faca,* e assim por diante – como Laura Anne Petitto (2005, p.85), uma de suas cuidadoras, diz, ele "construiria uma lista de compras" das "palavras" com as quais estivesse mais familiarizado. Nim não atingiu o mesmo nível de habilidade sintática que uma criança de 3 anos; nenhuma estrutura hierárquica pôde ser confirmada.

Mas a "competência linguística" adquirida por Nim era bem pior do que isso. Como Petitto também observa, Nim na verdade não aprendia pelas palavras, nem mesmo tinha o conceito humano "maçã". Para Nim, uma "maçã" era um objeto associado à faca sobre o balcão que cortava a maçã, ao lugar em que as maçãs eram encontradas, a quem lhe deu maçã por último, e assim por diante:

> Chimpanzés não usam de jeito nenhum as palavras do jeito que nós fazemos. […] Embora os chimpanzés possam experimentalmente ser treinados para aplicar um rótulo em uma série de itens relacionados (tais como o uso de um sinal de bebida quando em frente a uma maçã vermelha ou uma maçã verde), as crianças aprendem isso sem esforço e sem treinamento explícito. […] Os chimpanzés, à diferença dos humanos, usam esses rótulos de forma que parece altamente depender de alguma noção global de associação. Um chimpanzé usará o mesmo rótulo *maçã* para se referir à ação de comer maçãs, ao local onde as maçãs se encontram, a eventos e à localização de objetos além de maçãs que eventualmente estejam estocados juntos com as maçãs (a faca usada para cortá-la). E assim por diante – tudo ao mesmo tempo e sem reconhecimento aparente das diferenças relevantes ou das vantagens de ser capaz

de distinguir entre elas. Mesmo as primeiras palavras do bebê humano jovem são usadas de uma forma que obedecem a restrições conceituais. [...] Então, de maneira surpreendente, os chimpanzés não possuem "nomes para as coisas". Eles possuem apenas uma mixórdia de associações fracas sem restrições internas chomskianas ou categorias e regras que as governem. Na verdade, eles jamais adquiriram a palavra humana "maçã" (Petitto, 2005, p.85-7).

Se refletirmos sobre isso por um momento, parece que os chimpanzés são um exemplo perfeito de "aprendizes associacionistas" puros – o que parecem ter são conexões diretas entre estímulos externos particulares e outros símbolos. Eles não parecem considerar a maçã que veem de um modo mentalmente dependente, como discutido no Capítulo 3. Ao contrário, eles estocaram uma lista de associações explícitas mentalmente *independentes* entre objetos no mundo externo e os sinais da ASL para eles. Isso está bem longe das habilidades linguísticas humanas – ao chimpanzé faltam tanto *Merge* quanto elementos semelhantes a palavras que os humanos possuem. Se for assim, os chimpanzés também estão eliminados como suspeitos em nosso romance policial.

Mas como podemos ter certeza? Até pouco tempo atrás, isso não estava muito claro. Contudo, por sorte, as gravações das interações de Nim usando ASL estão disponíveis – porque esse é um projeto da Fundação Nacional de Ciências, e a gravação dos arquivos era uma condição para o financiamento.[14] Há cerca de dois anos, Charles Yang, na Universidade da Pensilvânia, foi capaz de obter e analisar os dados usando uma medida de informação teórica, resolvendo de uma vez por todas a questão de se Nim tinha adquirido a sintaxe de uma criança de 2 a 3 anos, ou

---

14 Infelizmente, pesquisadores associados a outros estudos que conhecemos de "linguagem animal" como o de Nim (por exemplo, a pesquisa com o bonobo Kanzi) não disponibilizam acesso completo comparável aos seus dados, assim Yang foi incapaz de aplicar esse método aos dados de outros estudos.

se ele estava apenas montando listas de compras memorizadas (Yang, 2013).

Assim, qual era o teste de Yang? A ideia é simples. Se você é uma criança humana, o que aprende bem rápido é que você pode combinar as chamadas palavras funcionais como *o* ou *um* com palavras com conteúdo como *maçã* ou *cachorro*. Logo, a criança poderá dizer *a maçã*, ou poderá dizer *um cachorro*, ou poderá dizer *o cachorro*. Isso equivale a selecionar palavras *independentemente* dessas duas categorias, e é isso que esperamos se as crianças estão seguindo uma regra que diz que um sintagma nominal de duas palavras consiste de uma palavra funcional seguida por uma palavra com conteúdo. Nessa situação de escolha independente, esperamos uma alta diversidade de sentenças diferentes, porque as duas escolhas podem variar sobre todas as palavras que as crianças conhecem, corrigindo sua frequência. Em contraste, se as crianças apenas memorizam padrões de duas palavras, então estas serão simplesmente "substituídas" pela criança como fatias de duas palavras, sem uma escolha livre de palavras funcionais e palavras com conteúdo – duas palavras seriam então dependentes uma da outra, e veríamos menos combinações de novas palavras – a diversidade seria menor. Agora temos um teste decisivo para ver se as crianças estão ou não seguindo uma regra ou estão apenas memorizando: se a diversidade de sentenças é alta, isso indica comportamento de quem segue regras; se é baixa, isso indica memorização. Agora é possível dar uma olhada nas transcrições reais de crianças conversando com seus cuidadores e contar os exemplos de duas palavras desta forma, e compará-los com os sinais de duas palavras de Nim. Quem segue regras e quem simplesmente memoriza?

Para detectar diferenças de diversidade, Yang traçou a frequência esperada para produções de duas palavras regidas por regras contra as produções empíricas medidas tanto de crianças quanto de Nim. Se as crianças ou Nim estivessem usando regras, então esperaríamos que a frequência empírica fosse igual à frequência prevista, assim os resultados ficariam ao longo de uma linha de 45 graus iniciando na origem. É isso precisamente o que Yang encontrou para a diversidade de sentenças de crianças entre 2 e 3 anos, e o mesmo para as mais velhas. Isso também é verdadeiro para *corpora* tradicionais de língua adulta, como o *corpus* Brown. As crianças se encaixam na expectativa de diversidade prevista com uma correlação de 0,997. Em contraste, as produções de duas palavras em ASL de Nim ficaram bem *abaixo* da linha de 45 graus do teste de fogo, indicando uma frequência *mais baixa* do que aquela esperada para comportamento regido por regras – uma baixa diversidade, e o sinal vermelho para combinações memorizadas de duas palavras se acende. Até onde podemos afirmar, Petitto estava certa: Nim apenas recita listas de compras. Para nós pelo menos, esse é o último prego no caixão dos estudos da linguagem dos chimpanzés. Chimpanzés simplesmente não usam a linguagem da forma como os humanos fazem, não importa que modalidade seja usada. Podemos removê-los como suspeitos da lista de "quem é o culpado", a despeito de seus talentos cognitivos óbvios em outras áreas.

Onde e quando?

Se a Propriedade Básica é realmente básica, *onde e quando* ela apareceu primeiro? Como observado no Capítulo 3, em todas as abordagens a origem de elementos semelhantes a palavras subordinadas à mente permanece um grande mistério, inclusive para nós. Em um livro recente sobre a evolução da linguagem, Bickerton (2014) dá de ombros também. É fácil especular que pelo menos alguns desses elementos existissem antes de *Merge*, dado que de outra forma não haveria nada com que *Merge* pudesse trabalhar, embora não se tenha certeza. (O Capítulo 1 aponta uma alternativa em algum lugar no meio-termo, proposta por Berwick (2011).) Também não há respostas fáceis em relação ao próprio aparecimento de *Merge*, como Lewontin (1998) observa. Temos apenas suportes indiretos da linguagem para seguir, e a evidência arqueológica é altamente inferencial. Um manual cita a seguinte fórmula para a identificação do comportamento moderno: "os cinco elementos comportamentais básicos: as lâminas, os colares de contas, os enterros, as ferramentas feitas de ossos e a beleza" (Jobling et al., 2014, p.344).

Se dependermos de evidências não ambíguas de comportamento simbólico como um suporte para a linguagem, então poderíamos considerar os artefatos da caverna de Blombos na África do Sul – gravuras geométricas ocre e colares de contas – como proporcionando um lugar e um tempo razáveis como quaisquer outros para o aparecimento da linguagem, isto é, em torno de 80 mil anos atrás, no mesmo lugar. Como descrito no Capítulo 1, parece haver um grande "descompasso" entre o aparecimento de mudanças morfológicas no *Homo* e qualquer mudança comportamental ou tecnológica – o aparecimento de novas tecnologias e comportamentos seguem longos períodos de inatividade *após* o aparecimento de novas variantes do *Homo*. Assim, em relação ao "quando", podemos apontar entre dois pontos no tempo, cerca de 200 mil anos atrás no sul da África, e o surgimento dos humanos de comportamento moderno, por volta de 80 mil anos. Então veio o êxodo africano, cerca de 60 mil anos atrás, com os humanos modernos se expandindo dentro do Velho Mundo e depois para a Austrália.[15] A falta de qualquer variação profunda na faculdade da linguagem aponta para a mesma conclusão. Há alguma razão para duvidar de que uma criança de uma tribo da Papua Nova Guiné sem outro contato humano por 60 mil anos, crescendo em Boston desde o nascimento, seria de

---

15 Evidência recente do sequenciamento genético de 225 indivíduos etíopes e egípcios sugere que foi tomada uma rota norte através do Egito, ao invés de uma rota sul através da Etiópia e da península arábica, com a data estabelecida por volta de 60 mil anos AP (Pagani et al, 2015).

alguma forma diferente de uma criança local? Não que possamos determinar. O conto de Stebbins sobre Theodosius Dobzhansky e Ernst Mayr, na nota 1 do Capítulo 2, é uma versão moderna desse experimento, e o trabalho genético recente também diz mais ou menos a mesma coisa.[16]

Assim, para nós, a linguagem humana e a Propriedade Básica devem ter surgido entre esses dois pontos fixos no tempo, entre 200 mil anos atrás o mais cedo e 60 mil anos atrás o mais tarde, mas presumivelmente bem antes do êxodo africano, dada a evidência simbólica de 80 mil anos atrás da caverna de Blombos. Para ter certeza, na medida em que a evidência emerge, o tempo poderia ser jogado para mais cedo do que isso, talvez mais perto da marca de 200 mil. Acontece que isso não está tão distante da linha do tempo elaborada por Jean Aitchison, em sua Figura 5.4 no livro *Seeds of language* [Sementes de linguagem] (1996, p.60), a qual afirma que "em algum lugar talvez entre 100 mil e 75 mil [anos] [antes do presente], a linguagem alcançou um estágio crítico de sofisticação" – embora o ponto de início dela seja mais cedo, 250 mil anos atrás.

Como os neandertais se encaixam nesse retrato? Como notado no Capítulo 1, a resposta a essa questão é bem contro-

---

16 Aparentemente há alguma variação linguística em populações humanas "normais" que está sendo descoberta pelo sequenciamento genético. Como mencionado no Capítulo 2, o fator de transcrição FOXP2 regula um gene alvo abaixo, *CNTNAP2*, que codifica uma proteína neurexina. Esse gene não possui variantes de polimorfismo de nucleotídeo único (SNPs, na sigla em inglês, "single nucleotide polymorphism") na população humana (centro-europeus de Utah, CEU) no Projeto 1000 genomas. Kos et al. (2012) se perguntaram se essas variantes genéticas afetavam o processamento de linguagem nos indivíduos adultos que de outra forma seriam normais – isto é, aqueles sem qualquer déficit no FOXP2. Eles descobriram que havia algumas diferenças no processamento de traços de concordância, dependendo das variantes SNPs (polimorfismo de nucleotídeo único, por exemplo, uma "letra" de DNA no *CNTNAP2*. Por outro lado, Hoogman et al. (2014) não encontraram diferenças linguísticas fenotípicas nas variantes do *FOXP2* saudáveis.

versa, dado que a evidência relevante é toda bastante inferencial. Lembre-se de que a separação básica mais velha entre nós e os neandertais foi datada de cerca de 400 mil-600 mil anos atrás, e é evidente que os neandertais migraram para a Europa não muito depois disso, então isso significa que a emergência dos humanos anatomicamente modernos no sul da África em todo o caminho até Blombos aconteceu sem os neandertais por perto, até onde sabemos. Os espécimes de neandertais da caverna de El Sidrón na Espanha foram analisados para ver se o DNA *FOXP2* deles contém as mesmas duas mudanças recentemente derivadas como nos humanos modernos (Krause et al., 2007), as mesmas duas mudanças que Enard et al. (2002) argumentaram estar sob seleção positiva nos humanos. (Lembre-se de que essas *não* são as mudanças relacionadas à dispraxia oral associadas a danos no *FOXP2*.) Dado que os espécimes de neandertais de El Sidrón foram datados como sendo de 48 mil anos atrás (Wood et al., 2013), antes do tempo da chegada dos humanos modernos à Espanha, a possibilidade de cruzamento híbrido entre humanos modernos e neandertais resultando em fluxo genético do DNA *FOXP2* para os neandertais está fora de cogitação. Pelo menos desse ponto de vista, a variante humana derivada do *FOXP2* descrita por Enard et al. é compartilhada com os neandertais.

Mas os neandertais também compartilhavam a linguagem humana, em particular a Propriedade Básica e a sintaxe da linguagem humana? Não é claro, mas não há evidência nos neandertais da rica vida simbólica associada ao *Homo sapiens* 80 mil anos atrás. Dada a antiga evidência de DNA neandertal, a data para o aparecimento da varredura seletiva que produziu a variação derivada comum aos humanos e neandertais foi estimada como prévia ao ancestral comum dos humanos modernos e neandertais, 300 mil-400 mil anos atrás, bem mais cedo do que o tempo desse evento de seleção calculado por Enard et al. (2002). Há outras inconsistências; lembre-se, do Capítulo 1, de que Pääbo acredita que houve pelo menos dois eventos separados, bem separados na história evolutiva do *FOXP2*. Maricic et al. (2013) argumentam que o *FOXP2* humano e o neandertal diferem em um trecho regulatório funcionalmente importante diferente da região do código de DNA que Enard et al. (2002) alegaram estar sob seleção. O problema é que, caso se use abordagens convencionais, o "sinal" da seleção se dissipa bem rápido na medida em que se vai para trás no passado mais de 50 mil-100 mil anos. Como resultado, esses achados inferindo seleção ou não, assim como as datas estimadas de seleção, ainda estão sendo debatidos. Zhou et al. (2015) propuseram uma nova abordagem para superar flutuações (desconhecidas) no tamanho da população e mesmo assim escolher seleção positiva, mas o método ainda precisa ser confirmado (ver também a nota 13 no Capítulo 1). Em resumo, concordamos com o geneticista evolutivo e estatístico Nick Patterson, que há muito tempo tem estado envolvido no trabalho com DNA antigo no Instituto Broad (comunicação pessoal): ainda não há sinais *não ambíguos* de seleção por volta do período de tempo crucial quando os neandertais divergiram da linhagem principal que no final das contas se tornaram nossos ancestrais. Há muito barulho.

Além disso, como mencionado antes, alguns genes aparentemente cruciais de desenvolvimento do sistema nervoso também diferem entre os humanos e neandertais. Somel, Liu e Khaitovich (2013, p.119) notam que "há evidência se acumulando de que o desenvolvimento cerebral humano foi fundamentalmente reformulado através de vários eventos genéticos dentro do curto espaço de tempo entre a divisão humanos-neandertais e a emergência dos humanos modernos". Esse é o caso com certas mudanças regulatórias que levaram a aumento de neotenia e diferentes trajetórias de desenvolvimento craniano nos humanos em oposição aos neandertais (Gunz et al., 2010), com os cérebros humanos se tornando mais globulares na forma, ao longo de uma infância com duração temporal maior do que aquela dos neandertais. Esse último ponto pode ser interessante, porque enquanto neandertais tinham cérebros maiores na média do que os humanos modernos, a distribuição do volume craniano é diferente: os neandertais têm um "bolo occipital" – uma protuberância na parte de trás da cabeça –, enquanto os humanos modernos não têm; nos humanos, o aumento da capacidade craniana está mudada para a frente. Alguns argumentam que isso aponta para uma diferença entre os neandertais e os humanos modernos, com os neandertais tendo mais massa cerebral dedicada à percepção visual e ao uso de ferramentas (o bolo occipital) (Pearce et al., 2013).

Se voltarmos a atenção para possíveis suportes para a linguagem, a situação é ainda mais confusa. É mera afirmação que trabalhos complexos com pedra, controle do fogo, roupas, argila ocre e coisas do tipo requeiram linguagem. Podemos ter tudo isso, mas não significa que neandertais tenham de ter todos os caracteres que co-ocorrem em nós só porque têm alguns deles. Considere três dos fatores mencionados como evidência de atividade simbólica: enterros, colares de contas e ferramentas de ossos. Pode-se ler a evidência do "enterro" da forma como se quiser. Não há nada que possa convincentemente ser caracterizado como "bens sepulcrais" dos neandertais. Mais indicativo é que os neandertais pareciam estar comendo uns aos outros da maneira mais arrepiantemente prosaica para onde quer que se olhe (Zafarraya, El Sidrón, e assim por diante), sem evidentemente ter imposto qualquer significância especial para esse comportamento, até mesmo usando crânios humanos na fabricação de ferramentas.

Evidência de atividade simbólica na forma de rochas pendentes foi alegada por alguns a partir da caverna Arcy Châtelperronian. Mas a associação dos neandertais permanece, sobretudo dentes, com as camadas de Châtelperronian em Arcy-sur-Cure, questionadas com base na evidência indicando uma possível mistura de sedimentos arqueológicos (Hingham et al., 2011). A implicação é que Châtelperronian, como o resto do Paleolítico Superior, pode ser um produto dos humanos modernos, e que a presença de alguns restos de neandertais nessas camadas não

significa que os neandertais fizeram os artefatos de Châtelperronian (Pinhasi et al., 2011; Bar-Yosef; Bordes, 2010). Mellars
(2010, p.20148) resume claramente essa ambiguidade:

> Contudo, a implicação central e inescapável dos novos resul-
> tados de datação da Grotte du Renne é que o único pilar, o mais
> impressionante e até agora amplamente citado, da evidência para
> a presença de comportamento "simbólico" complexo entre as
> populações tardias de neandertais na Europa efetivamente entrou
> em colapso. Se qualquer evidência adicional de comportamento
> explicitamente simbólico avançado desse tipo pode ser confiavel-
> mente declarada de qualquer outro sítio neandertal na Europa,
> isso é ainda tema para discussão. [...] Uma questão crucial que
> deve inevitavelmente ser feita nesse contexto é por que, se o uso
> de comportamento simbólico explícito era uma parte integral do
> repertório cultural e comportamental dos neandertais europeus,
> há tão pouca evidência factual (ou mesmo alegada) disso através
> do espaço temporal de 250 mil anos de ocupação neandertal na
> Europa, se estendendo por toda uma variedade de ambientes
> niditamente contrastantes, e por um arco geográfico de mais de
> 3.200 quilômetros.

Dado o debate controverso sobre a evidência, nossa visão é
que não há motivo no presente para irmos na direção da conclusão radical de que os neandertais possuíssem qualquer coisa
parecida com a Propriedade Básica ou mesmo os rudimentos da
linguagem simbólica.

Poderíamos usar técnicas genéticas da população contemporânea para estimar quando a linguagem surgiu olhando para
alguns dos genes envolvidos? É exatamente isso que Enard et al.
(2002) fizeram no caso do *FOXP2*, modelando uma "varredura
seletiva" (ver também Capítulo 1, nota 12). Aqui vai a ideia. A
seleção descolore a variação no DNA. É isso o que uma peneira faz: peneirando uma mistura inicial de ouro da escória de

modo que depois apenas o ouro permaneça. Agora, a sujeira residual que porventura ainda está grudada ao ouro pode ser "carregada" para a viagem – regiões genéticas ladeando aquela sob forte seleção. Assim, ao final de um período de seleção, esperamos encontrar uma sequência invariável de DNA relativamente uniforme centrada no local de seleção (o ouro), com pouca variação encontrada também em ambos os lados da região selecionada (os caroneiros foram carregados junto com o ouro). Ao longo do tempo, geração após geração, esse bloco uniforme de baixa variação circundando imediatamente a região selecionada se degrada a uma taxa regular devido ao processo normal de recombinação sexual – o processo de meiose que quebra um cromossomo de DNA de um pai, copiando o DNA do outro pai. A área selecionada propriamente dita não tende a se partir, pelo menos isso não é tão viável, dado que ela tem de permanecer toda em uma peça para permanecer funcional (qualquer faixa genética que é quebrada aqui não será passada para as próximas poucas gerações). O resultado é uma degradação em relógio das regiões uniformes carregadas ladeando a área genética selecionada. Tudo isso leva a um padrão previsível de degradação observável na variação que podemos medir hoje. Podemos usar tais medições para extrapolar mais para trás e computar o número de gerações que devem ter passado dado o tempo de seleção, fazendo levantamentos sobre a taxa de degradação causada pela recombinação, algumas estimativas sobre a força original da seleção e possíveis mudanças populacionais (dado que aumento ou diminuição ou migração podem também mudar a variação de DNA da população global). Sem surpresa – de novo, tudo isso é um exercício em modelagem probabilística, porque não podemos ter segurança sobre a força da seleção, taxa de recombinação ou mudanças populacionais.

Assim, há ruído, e o melhor que podemos fazer é jogar com uma estimativa estatística. Terminamos com algum intervalo estimado para o tempo da seleção, algum número de gerações no passado, e também com uma medida de nossa confiança naquele intervalo. Em geral ele é bem grande, refletindo nossa incerteza nos valores para seleção e assim por diante – Enard et al. (2002) estimaram o intervalo de confiança de 95% mais provável para a varredura seletiva do *FOXP2* em 120 mil anos.

Mais recentemente, Fitch, Arbib e Donald (2010) propuseram cálculos de varredura como um método geral para testar hipóteses sobre a evolução da linguagem. Eles sugerem que podemos calcular as diferentes idades para as varreduras seletivas associadas com os genes subjacentes à linguagem, com o *FOXP2* sendo o primeiro, e muitos mais se seguem, construindo uma lista de genes candidatos ao longo das linhas discutidas no Capítulo 1. Como um exemplo, eles apontam que *se* os genes para o aprendizado vocal foram "varridos seletivamente" cedo, e os genes para a "teoria da mente" tarde, então poderíamos usar as datas estimadas dessas varreduras para dizer que uma teoria que assume que o aprendizado vocal veio primeiro se encaixaria melhor nos fatos da varredura seletiva do que uma em que a "teoria da mente" veio primeiro. Naturalmente, como eles enfatizam, é melhor ter um conjunto de genes candidatos subjacente a cada modelo suposto, com uma data estimada de varredura seletiva para cada um.

Pelo menos por ora, parece um prolongamento ver como essa abordagem poderia ganhar alguma força, embora, é claro, não possamos ter certeza. Por um motivo, varreduras seletivas fortes parecem ser relativamente raras por razões de princípio, como Coop e Przeworski notam (Jobling, 2014, p.204). Varreduras seletivas não vão pegar todos os eventos adaptativos interessantes, ou mesmo a maioria deles. Além disso, a seleção se perde muito facilmente na medida em que voltamos no tempo e seus efeitos na variação do DNA se tornam obscurecidos com aqueles causados por migração, feitos demográficos como mistura populacional, expansão e contração, e recombinação sexual. O novo método introduzido por Zhou et al. (2015) poderia superar algumas dessas dificuldades; ainda é muito cedo para dizer. Mas então nos deparamos com a barreira mais difícil de todas: como eles reconhecem, esse método assume que temos uma compreensão relativamente boa da interação genética que resulta em um fenótipo particular.

Resumindo, nossa melhor estimativa para "quando" e "onde" é algum tempo entre o aparecimento dos primeiros humanos anatomicamente modernos no sul da África, por volta de 200 mil anos atrás, até algum tempo antes do último êxodo da África, por volta de 60 mil anos atrás (Pagani et al., 2015), mas provavelmente antes de 80 mil anos atrás. Isso nos deixa por volta de 130 mil anos, ou aproximadamente 5 mil-6 mil gerações de tempo para mudança evolutiva. Isso não é "uma noite em uma geração" como alguns inferiram (incorretamente) – mas nem está na escala das eras geológicas. É tempo suficiente – dentro do cálculo para aquilo que Nilsson e Pelger (1994) veem como o tempo necessário para a completa evolução de um olho de vertebrado a partir de uma única célula, mesmo sem a invocação de quaisquer efeitos "evo-devo".

Como?

Ainda temos duas questões finais em nosso conto policial: como e por quê. Consideramos uma resposta (especulativa) para "como" nesta seção e tocaremos no "por quê" nos apontamentos finais.

"Como" é necessariamente especulativo porque não sabemos de fato como a Propriedade Básica é implementada nos circuitos neurais. Na verdade, como enfatizado quando discutimos "o quê", não temos uma boa compreensão da gama de implementações possíveis para qualquer tipo de computação cognitiva. Nosso apanhado sobre como o conhecimento linguístico ou as "gramáticas" poderiam de fato ser implementados é um esboço. Devemos ter consciência de que até no caso bem mais simples em que temos uma compreensão relativamente total do que os insetos devem computar para navegação – direção de compasso e integração de rota – e até reforçado pelo acesso à manipulação experimental e genética que é impossível de executar em humanos, ainda não sabemos em detalhes como aquela computação é implementada (Gallistel; King, 2009).

Colocaremos de lado essas preocupações reais e especularemos mesmo assim, porque os pesquisadores aprenderam algumas coisas sobre a neurobiologia da linguagem e mesmo um resumo especulativo poderia levar a linhas produtivas de pesquisa. Seguiremos o trabalho de Friederici e colaboradores (Friederici, 2009; Perani et al., 2011), que combinaram esforços para conectar os *insights* da Linguística moderna com o cérebro, tanto quanto os *insights* críticos de Michael Skeide (comunicação pessoal). Outra revisão recente que une a pesquisa de Friederici e colaboradores e faz muitos dos mesmos apontamentos pode ser encontrada em Pinker e Van der Lely (2014).

Antes de iniciarmos, contudo, queremos dizer algumas palavras sobre um caminho em particular que *não* seguiremos para responder "como" – que costuma ser bem trilhado. É "fácil" responder a essa questão sobre como *Merge* veio a existir se assumimos que ou ele é exatamente a mesma coisa que as habilidades computacionais iniciais nos outros animais ou que ele é parasitário de uma habilidade computacional preexistente. Mostramos que a primeira opção – adotada por Bornkessel-Schlesewsky ou Frank, junto com muitos outros que acreditam que a linguagem humana é "apenas como" processamento sequencial ordinário – não parece muito provável. Já para a opção parasitária há uma legião de abordagens. Para outros, *Merge* cavalgou nas costas de, bem, quase qualquer coisa *menos* no que discutimos nessas páginas: planejamento motor hierárquico; gestos, música; navegação complexa da era pré-Google ou seu ensaio; coleta de alimentos complexos; uma linguagem composicional do pensamento; uma diferença qualitativa nos planos humanos; feitura de nós; ou mesmo – não estamos brincando – batatas cozidas. (A história é que nós, mas não os outros animais, ganhamos mais cópias de genes para construir enzimas que lidam mais facilmente com amido cozido digerido, e essa expansão cerebral foi estimulada após a invenção do fogo; ver Hardy et al., 2015.) Não estamos convencidos disso.

Lembre-se de que *Merge* faz uso dos seguintes componentes: (1) a própria operação de *Merge*, uma operação composicional básica; (2) elementos semelhantes a palavras ou representações sintáticas construídas previamente; e (3) espaço(s) de trabalho computacional onde essa computação ocorre. Onde tudo isso poderia acontecer no cérebro?

Em termos clássicos, a área do cérebro conhecida como áreas de Brodmann 44 e 45 (área de Broca, rotulada BA 44 e BA 45 na Figura 4.4, localizada na face dorsal) é associada à computação sintática e a déficits (Afasia de Broca) juntamente com outras capacidades funcionais. A meta-análise aponta a área 44, o *pars opercularis*, como envolvida no processamento sintático em oposição a outras áreas (Vigneau et al., 2006), mas o sistema é claramente mais detalhado que isso. Uma segunda área bem conhecida relacionada com a linguagem cobre as regiões ventrais desenhadas de verde na Figura 4.4) – a área de Wernicke. Desde o século XIX sabemos que essas áreas relacionadas com a linguagem estão conectadas por tratos fibrosos principais (Dejerine, 1895). Postularemos (de forma especulativa) que os elementos semelhantes a palavras, ou pelo menos seus traços tal como usados por *Merge*, são de algum modo estocados no córtex temporal médio como o "léxico" – embora, como mencionamos no Capítulo 1, não seja claro como qualquer coisa é estocada ou recuperada da memória.

A ressonância magnética por difusão agora proporciona uma informação adicional sobre os tratos fibrosos, conectando essas áreas e alguma evidência sugestiva de desenvolvimento e comparativa com primatas não humanos. A partir disso, um retrato que pede por uma análise evolutiva está começando a emergir, consistente com os aspectos de *Merge* mencionados, como sugerido por Skeide.

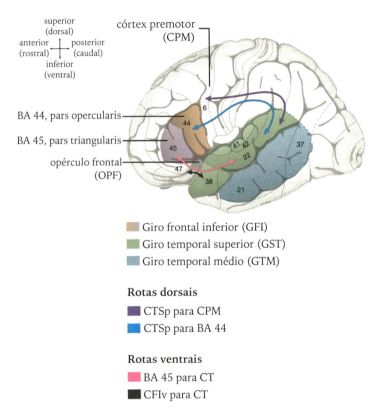

Figura 4.4 (Lâmina 2) – Regiões relacionadas com a linguagem e conexões fibrosas no cérebro humano. Exposição do hemisfério esquerdo. Abreviações: CPM, córtex pré-motor; CTS, córtex temporal superior; p, posterior. Os números indicam áreas de Brodmann (BA) definidas citoarquiteturalmente. Há duas rotas dorsais: uma conectando CTSp a CPM (vermelho escuro) e uma conectando CTSp a BA 44 (azul). As duas rotas ventrais conectando BA 45 e córtex frontal inferior ventral (CFIv) ao córtex temporal (CT) são também discutidas como relevantes para a linguagem. De Berwick et al. (2013), com permissão de Elsevier Ltda.

A Figura 4.4 ilustra as posições dos tratos fibrosos de longo alcance que ligam as regiões dorsais relacionadas com a linguagem às regiões ventrais relacionadas com a linguagem no cérebro humano adulto. Como Perani et al. (2011, p.16058) observam, há duas rotas dorsais, "uma conectando o córtex temporal superior médio-a-posterior com o córtex temporal a área de Broca [azul na Figura 4.4]. Tem sido [sugerido] que [essas] duas poderiam servir a funções diferentes, com a anterior apoiando o mapeamento auditivo-para-motor [...] e a última apoiando o processamento da sintaxe sentencial". Há também duas rotas ventrais que conectam a região onde o "léxico" presumivelmente está com a região dorsal frontal. A ideia é que esses tratos fibrosos ventrais e dorsais formam juntos um "anel" completo que move informação do léxico para áreas no lado dorsal onde é usada por *Merge*. A ideia-chave é que esse "anel" fibroso deve estar em seu lugar para que o processamento sintático trabalhe.

Há alguma evidência sugestiva de desenvolvimento sugerindo que o processamento sintático requeira algo mais que isso. A Figura 4.5 (Perani et al., 2011) ilustra como esses tratos fibrosos amadurecem com o passar o tempo, entre recém-nascidos e adultos. O Painel A da figura ilustra a conectividade adulta, tanto no hemisfério esquerdo quanto no direito, enquanto o Painel B exibe a conectividade no recém-nascido. Nos adultos (Painel A), o "anel" conectando as áreas ventrais às dorsais está completo, com as porções verde, amarela e azul indicando as conexões fibrosas ventral e dorsal. Contudo, no nascimento (Painel B), as conexões azuis estão faltando; elas ainda não foram mielinizadas. Essas são as conexões para a área de Broca. É como se o cérebro não estivesse propriamente "ligado" para fazer processamento sintático no nascimento. Esses tratos fibrosos amadurecem e se tornam funcionais por volta da idade de 2 ou 3 anos, em conexão com o que sabemos sobre o desenvolvimento da linguagem. Em contraste, como vimos logo no início deste livro, no nascimento os tratos responsáveis pelo processamento auditivo estão funcionais, e durante o primeiro ano de vida a criança adquire o sistema sonoro de sua língua.

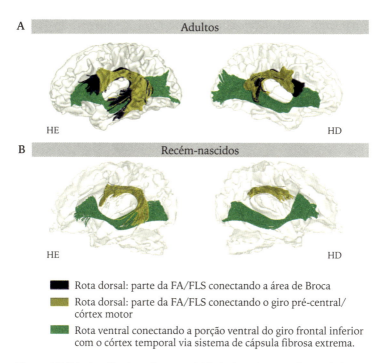

■ Rota dorsal: parte da FA/FLS conectando a área de Broca
■ Rota dorsal: parte da FA/FLS conectando o giro pré-central/ córtex motor
■ Rota ventral conectando a porção ventral do giro frontal inferior com o córtex temporal via sistema de cápsula fibrosa extrema.

Figura 4.5 (Lâmina 3) – Rota de conectividade dorsal e ventral nos adultos *vs.* recém-nascidos como determinada por ressonância magnética por difusão. FA/FLS = fascículo arqueado e o fascículo longitudinal superior. Painel A: tratos fibrosos do adulto para o hemisfério esquerdo (HE) e hemisfério direito (HD). Painel B: os tratos fibrosos do recém-nascido para as conexões comparáveis. As rotas dorsais que se conectam com a área de Broca não estão mielinizadas no nascimento. A direcionalidade foi inferida de sementes na área de Broca e no córtex motor/giro pré-central. De Perani et al. (2011), com permissão de *PNAS*.

A evidência comparativa conta a mesma história. A Figura 4.6 exibe os tratos fibrosos correspondentes no cérebro de um símio do Velho Mundo, a macaca. Em particular, note que o anel completo do lado dorsal para o ventral no topo, entre a fibra rotulada FA e aquela rotulada STS, está faltando. As duas fibras estão muito, muito próximas de se conectar uma com a outra. Foi por um fio, como diz o ditado. O mesmo vale para os chimpanzés. Em termos especulativos, juntamente com a evidência do desenvolvimento humano, isso sugere que um espaço de trabalho com um anel ligando totalmente os átomos semelhantes a palavras a *Merge* é necessário para permitir a Propriedade Básica.

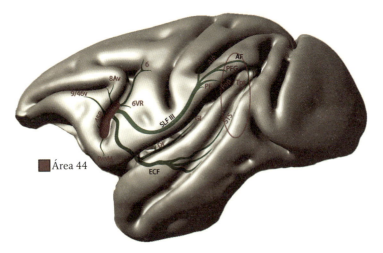

Figura 4.6 (Lâmina 4) – Rotas de trato fibroso da macaca envolvendo as áreas de Brodmann 44 e 45 determinadas via ressonância magnética por difusão. Note a lacuna entre a rota dorsal-ventral AF e a rota ventral STS, circulada em vermelho. De Frey; Mackey; Petrides (2014), com permissão de Elsevier Ltda.

Qual é o ponto evolutivo? É praticamente uma "ligação perdida" literal. Enquanto não pudermos ter certeza, se é mesmo o caso que a sintaxe humana requer um "anel" completamente ligado, então a noção de que alguma "pequena religação cerebral" que resultou em um sistema sintático totalmente funcional com *Merge* poderia não estar muito longe do alvo. Uma pequena mudança genética em um fator de crescimento para uma das fibras, juntamente com a orientação do trato fibroso apropriada, poderia ser o suficiente, e com certeza há tempo bastante para isso. Essa constatação também se encaixa bem com o argumento de Ramus e Fisher (2009), para quem uma pequena mudança neural desse tipo poderia levar a consequências fenotípicas imensas – sem muita evolução necessária, e sem todo aquele tempo.

Por quê?

Isso nos deixa com a última questão do mistério, aquela que motivou Wallace: por quê? Por que é que os humanos possuem linguagem? Enfatizamos várias vezes ao longo deste livro que não acreditamos que a "comunicação" tenha sido o condutor. Outros sugeriram planejamento, navegação, uma "teoria das mentes e outras mentes", e coisas do tipo, como notado em linhas anteriores. Em nossa visão, tudo isso está subordinado mais prontamente sob o lema da linguagem como uma "ferramenta mental interior", a interface conceitual-intencional, que permanece fundamental. Os Capítulos 2 e 3 mostraram que essa interface pede prioridade funcional. E pelo menos inicialmente, se não houve externalização, então *Merge* seria apenas como outro trato "interno" qualquer que impulsionou a vantagem seletiva – internamente, através de planejamento melhor, inferência e coisas do tipo.

Pelo menos algumas evidências experimentais dizem que a linguagem exerce exatamente esse papel. Spelke e seus colaboradores executaram uma série de experimentos para determinar como crianças e adultos integram informação geométrica e não geométrica, e como isso interage com a linguagem (Hermer--Vazquez; Katsnelson; Spelke, 1999). Eles usaram o seguinte paradigma: os sujeitos adultos veem um objeto localizado em um canto de uma sala geometricamente assimétrica com todas as paredes brancas. O objeto é, então, escondido. Os sujeitos fecham os olhos e rodam até ficarem desorientados. Agora eles abrem os olhos e se lhes pede que encontrem o objeto escondido. Todos os sujeitos parecem ser capazes de usar a assimetria geométrica da sala para reduzir sua busca – se o objeto está escondido na parede longa da esquerda, eles procuram somente os dois cantos com a parede longa na esquerda. Parece que o uso que eles fazem dessa pista geométrica não é consciente. Agora, se o pesquisador adiciona uma única pista não geométrica que quebra a simetria ainda mais, como uma parede azul, então os sujeitos podem combinar a informação geométrica e não geométrica e ir direto para o único canto que esconde o objeto escondido.

E as crianças? Acontece que se as crianças são testadas antes de adquirirem a linguagem, então, aparentemente, elas não conseguem integrar e usar a informação de que a parede é azul. Na idade de 4 ou 5 anos, com um comando de linguagem quase completa, eles conseguem. De forma similar, se se faz os sujeitos adultos executarem uma tarefa linguística "obscurecida" enquanto procuram o objeto escondido – eles devem repetir uma passagem da linguagem que estão ouvindo –, então essa interferência da linguagem os reduz ao nível das crianças sem a linguagem. Uma explicação para esse comportamento, acima e acima da sobrecarga da memória compartilhada, é que a linguagem é a *língua franca* que une as diferentes representações dos "módulos" geométricos e não geométricos, assim como uma "ferramenta mental interna" deveria fazer. Ser capaz de integrar uma variedade de pistas perceptuais e raciocinar sobre elas – é o animal acima ou abaixo da pedra – parece ter vantagens seletivas definitivas. Esse trato poderia ser passado adiante para os descendentes e vir a dominar um pequeno grupo reprodutivo – o cenário evolutivo que imaginamos. O restante é, literalmente, *nossa* história – a história de apenas nós como uma espécie moderna.

Uma última citação de Darwin (1859, p.49), então bem conhecida, parece-nos se encaixar também na evolução da linguagem: "A partir de um início tão simples, infinitas formas, as mais belas e mais maravilhosas, evoluíram e continuam a evoluir".

Referências bibliográficas

ABE, Kentaro; WATANABE, Dai. Songbirds possess the spontaneous ability to discriminate syntactic rules. *Nature Neuroscience* 14, p.1067-74, 2012.

AHOUSE, Jeremy; BERWICK, Robert C. *Darwin on the mind. Boston Review of Books*, abr.-maio 1998.

AITCHISON, Jean. *The Seeds of Speech:* Language Origin and Evolution. Cambridge: Cambridge University Press, 1996.

_____. Discontinuing the continuity-discontinuity debate. In: HURFORD, James R.; STUDDERT-KENNEDY, Michael; KNIGHT, Chris. *Approaches to the Evolution of Language:* Social and Cognitive Bases. Cambridge: Cambridge University Press, 1998.

ARIEW, André; LEWONTIN, Richard. The confusions of fitness. *British Journal for the Philosophy of Science* 55, p.347-63, 2004.

BAKER, Mark C. *The Atoms of Language.* Oxford: Oxford University Press, 2002.

BARTON, G. Edward; BERWICK, Robert C.; RISTAD, Eric S. *Computational Complexity and Natural Language.* Cambridge, MA: MIT Press, 1987.

BAR-YOSEF, Ofer; BORDES, Jean-Guillaume. Who were the makers of the Châtelperronian culture? *Journal of Human Evolution* 59 (5), p.586-93, 2010.

BECKERS, Gabriel; BOLHUIS, Johan; BERWICK, Robert C. Birdsong neurolinguistics: Context-free grammar claim is premature. *Neuroreport* 23, p.139-46, 2012.

BERSAGLIERI, Todd et al. Genetic signatures of strong recent positive selection at the lactase gene. *American Journal of Human Genetics* 74 (6), p.1111-20, 2004.

BERWICK, Robert C. *The Acquisition of Syntactic Knowledge*. Ph.D. thesis, Department of Electrical Engineering and Computer Science. Cambridge, MA: The Massachusetts Institute of Technology, 1982.

_____. *Locality Principles and the Acquisition of Syntactic Knowledge*. Cambridge, MA: MIT Press, 1985.

_____. All you need is Merge. In: DI SCIULLO, Anna Maria; BOECKX, Cedric. *Biolinguistic Investigations*. Oxford: Oxford University Press, 2011. p.461-91.

_____. Mind the gap. In: GALLEGO, Angel J.; OTT, Dennis. *50 Years Later: Reflections on Chomsky's Aspects*. Cambridge, MA: MIT Working Papers in Linguistics, 2015. p.1-12.

_____; EPSTEIN, Samuel David. On the convergence of "minimalist" syntax and categorial grammar. In: NIVAT, Martin et al. *Proceedings of the Third Conference on Algebraic Methodology and Software Technology (AMAST 93)*. University of Twente, Enschede the Netherlands: Springer-Verlag, 1993. p.143-8.

_____ et al. Songs to syntax: The linguistics of birdsong. *Trends in Cognitive Sciences* 15 (3), p.113-21, 2011.

_____; PILATO, Samuel. Learning syntax by automata induction. *Machine Learning* 2, p.9-38, 1987.

_____; WEINBERG, Amy S. *The Grammatical Basis of Linguistic Performance*. Cambridge, MA: MIT Press, 1984.

BICKERTON, Derek. *More Than Nature Needs*. Cambridge, MA: Harvard University Press, 2014.

BLOOMFIELD, Leonard. A set of postulates for the science of language. *Language* 2 (3), p.153-14, 1926.

BOECKX, Cedric; BENÍTEZ-BURRACO, Antonio. Globularity and language-readiness: Generating new predictions by expanding the set of genes of interest. *Frontiers in Psychology* 5, p.1324. doi: 10. 3389/fpsyg. 2014.01324, nov. 2014.

BORNKESSEL-SCHLESEWSKY, Ina et al. Neurobiological roots of language in primate audition: common computational properties. *Trends in Cognitive Sciences* 19 (3), p.142-50, 2015.

BOYD, Lomax J. et al. Human-Chimpanzee differences in a FZD8 enhancer alter cell-cycle dynamics in the developing neocortex. *Current Biology* 25, p.772-9, 2015.

BRANDON, Robert; HORNSTEIN, Norbert. From icons to symbols: Some speculations on the origin of language. *Biology & Philosophy* 1, p.169-89, 1986.

BRISCOE, Josie et al. A specific cognitive deficit within semantic cognition across a multi-generational family. *Proceedings of the Royal Society Series B, Biological Sciences* 279 (1743), p.3652-61, 2012.

BROSNAHAN, Leonard Francis. *The Sounds of Language:* An Inquiry into the Role of Genetic Factors in the Development of Sound Systems. Cambridge: Heffer, 1961.

BURLING, Robbins. Primate calls, human language; nonverbal communication. *Current Anthropology* 34 (1), p.25-53, 1993.

CARROLL, Sean. *Endless Forms Most Beautiful.* Nova York: Norton, 2005.

CHATTERJEE, Krishendu et al. The time scale of evolutionary innovation. *PLoS Computational Biology* 10 (9), e1003818, 2014.

CHOMSKY, Carol. Analytic study of the Tadoma method: Language abilities of three deaf-blind subjects. *Journal of Speech and Hearing Research* 29 (3), p.332-47, 1986.

CHOMSKY, Noam. *The Logical Structure of Linguistic Theory.* Ms. Harvard University, Cambridge, MA, 1955.

_____. Three models for the description of language. *I. R. E. Transactions on Information Theory* IT-2, p.113-24, 1956.

_____. *Syntactic Structures.* The Hague: Mouton, 1957.

_____. *Aspects of the Theory of Syntax.* Cambridge, MA: MIT Press, 1965.

_____. On the nature of language. In: HARNAD, Stevan; STEKLIS, Horst D.; LANCASTER, Jane. *Origins and Evolution of Language and Speech.* Nova York: New York Academy of Sciences, 1976. p.46-57.

_____. *Rules and Representations.* Nova York: Columbia University Press, 1980.

_____. *Lectures on Government and Binding.* Dordrecht: Foris, 1981.

_____. Some simple evo-devo theses: How might they be true for language? In: LARSON, Richard K.; DÉPREZ, Viviene; YAMAKIDO, Hiroko. *The Evolution of Human Language.* Cambridge: Cambridge University Press, 2010. p.45-62.

_____. Problems of projection. *Lingua* 130, p.33-49, 2012.

_____. Problems of projection extensions. In: DI DOMENICO, Elisa; HAMANN, Cornelia; MATTEINI, Simona. *Structures, Strategies and Beyond:* Studies in Honour of Adriana Belletti. Amsterdam: John Benjamins, 2015. p.1-16.

COEN, Michael. *Multi-Modal Dynamics:* Self-Supervised Learning in Perceptual and Motor Systems. Ph.D. thesis, Department of Electrical Engineering and Computer Science. Cambridge, MA: Massachusetts Institute of Technology, 2006.

COHEN, Shay B.; SATTA, Giorgio; COLLINS, Michael. Approximate PCFG parsing using tensor decomposition. In: *Proceedings of the 2013 Conference of the North American Chapter of the Association for Computational Linguistics: Human Language Technologies*, 487-496. Atlanta, Georgia: Association for Computational Linguistics, 2013.

COLOSIMO, Pamela F. et al. Widespread parallel evolution in sticklebacks by repeated fixation of *Ectodysplasin* alleles. *Science* 307, p.1928-33, 2005.

_____. The genetic architecture of parallel armor plate reduction in threespine sticklebacks. *PLoS Biology* 2, p.635-641, 2004.

COMINS, Jordan A.; GENTNER, Timothy Q. Pattern-Induced covert category learning in songbirds. *Current Biology* 25, p.1873-7, 2015.

CRAIN, Stephen. *The Emergence of Meaning*. Cambridge: Cambridge University Press, 2012.

CUDWORTH, Ralph. *A Treatise Concerning Eternal and Immutable Morality*. Londres: James and John Knapton, 1731.

CULICOVER, Peter; JACKENDOFF, Ray. *Simpler Syntax*. Oxford: Oxford University Press, 2005.

CURTISS, Susan. Revisiting modularity: Using language as a window to the mind. In: PIATELLI-PALMARINI, Massimo; BERWICK, Robert C. *Rich Languages from Poor Inputs*. Oxford: Oxford University Press, 2012. p.68-90.

DARLINGTON, Charles D. The genetic component of language. *Heredity* 1, p.269-86, 1947.

DARWIN, Charles. *Darwin Correspondence Project*. Cambridge: Cambridge University Press, [1856] 1990. V.6.

_____. *On the Origin of Species*. Londres: John Murray, 1859.

_____. *Variation of Plants and Animals under Domestication*. Londres: John Murray, 1868.

_____.*The Descent of Man:* Selection in Relation to Sex. Londres: John Murray, 1871.

_____. *The Autobiography of Charles Darwin*. Londres: John Murray, 1887.

DEDIU, Daniel; LADD, D. Robert. Linguistic tone is related to the population frequency of the adaptive haplogroups of two brain size genes, *ASPM* and *Microcephalin*. *Proceedings of the National Academy of Sciences of the United States of America* 104 (26), p.10944-9, 2007.

DEJERINE, Joseph Jules. *Anatomie des Centres Nerveux*. Paris: Rueff et Cie, 1895.

DING, Nai et al. Cortical dynamics underlying online building of hierarchical structures. *Proceedings of the Society for Neuroscience 2014*. Poster 204. 14. Washington, DC: Society for Neuroscience, 2014.

_____. Cortical dynamics underlying online building of hierarchical structures. *Nature Neuroscience*, 2015, no prelo.

DOBZHANSKY, Theodosius. *Genetics and the Origin of Species*. Nova York: Columbia University Press, 1937.

EARLEY, Jay. An efficient context-free parsing algorithm. *Communications of the ACM* 13 (2), p.94-102, 1970.

ENARD, Wolfgang et al. Molecular evolution of *FOXP2*, a gene involved in speech and language. *Nature* 418, p.869-72, 2002.

ENGESSER, Sabrina et al. Experimental evidence for phonemic contrasts in a nonhuman vocal system. *PLoS Biology*. doi:. 10. 1371/journal.pbio. 1002171, 2015.

FEYNMAN, Richard. There's plenty of room at the bottom. *Journal of Microelectromechanical Systems* 1 (1), p.60-6, 1959/1992.

FISHER, Ronald A. *The Genetical Theory of Natural Selection*. Londres: Clarendon, 1930.

FISHER, Simon E. et al. Localisation of a gene implicated in a severe speech and language disorder. *Nature Genetics* 18 (2), p.168-70, 1998.

FITCH, William Tecumseh. *The Evolution of Language*. Cambridge: Cambridge University Press, 2010.

_____; ARBIB, Michael A.; DONALD, Merlin. A molecular genetic framework for testing hypotheses about language evolution. In: SMITH, Andrew D. M et al. (Orgs.). *Proceedings of the 8th International Conference on the Evolution of Language*. Singapore: World Scientific, 2010. p.137-44.

FONG, Sandiway. *Computational Implementation of Principle-Based Parsers*. Ph.D. thesis, Department of Electrical Engineering and Computer Science. Cambridge, MA: Massachusetts Institute of Technology, 1991.

FREY, Stephen; MACKEY, Scott; PETRIDES, Michael. Corticocortical connections of areas 44 and 45B in the macaque monkey. *Brain and Language* 131, p.36-55, 2014.

FRIEDERICI, Angela. Language and the brain. In: PIATTELLI-PALMARINI, Massimo; URIAGEREKA, Juan; SALABURU, Pello (Orgs.). *Of Minds and Language, A Dialogue with Noam Chomsky in the Basque Country.* Oxford: Oxford University Press, 2009. p.352-77.

GALLISTEL, Charles G. Representations in animal cognition: An introduction. *Cognition* 37 (1-2), p.1-22, 1990.

_____; KING, Adam Philip. *Memory and the Computational Brain.* Nova York: Wiley, 2009.

GEHRING, Walter. New perspectives on eye development and the evolution of eyes and photoreceptors. *Journal of Heredity* 96 (3), p.171-84, 2005.

_____. Chance and necessity in eye evolution. *Genome Biology and Evolution* 3, p.1053-66, 2011.

GILLESPIE, John. *Population Genetics:* A Concise Guide. Baltimore: Johns Hopkins University Press, 2004.

GOLDSCHMIDT, Richard. *The Material Basis of Evolution.* New Haven, CT: Yale University Press, 1940.

GOODALL, Jane. *The Chimpanzees of Gombe:* Patterns of Behavior. Boston: Belknap Press of the Harvard University Press, 1986.

GOULD, Stephen J.; ROSE, Steven. *The Richness of Life:* The Essential Stephen Jay Gould. Nova York: W. W. Norton and Company, 2007.

GRAF, Thomas. *Local and Transderivational Constraints on Syntax and Semantics.* Ph.D. thesis, Department of Linguistics. Los Angeles: University of California at Los Angeles, 2013.

GRAHAM, Susan L.; HARRISON, Michael A.; RUZZO, Walter. An improved context-free recognizer. *ACM Transactions on Programming Languages and Systems* 2 (3): 415-462, 1980.

GRANT, Peter; GRANT, Rosemary. *Forty Years of Evolution:* Darwin's Finches on Daphne Major Island. Princeton, NJ: Princeton University Press, 2014.

GROSZER, Matthias et al. Impaired synaptic plasticity and motor learning in mice with a point mutation implicated in human speech deficits. *Current Biology* 18, p.354-62, 2008.

GUNZ, Philipp et al. Brain development after birth differs between Neanderthals and modern humans. *Current Biology* 20 (21), p.R921-R922, 2010.

HALDANE, John Burdon Sanderson. A mathematical theory of natural and artificial selection, Part V: Selection and mutation. *Proceedings of the Cambridge Philosophical Society* 23 (7), p.838-44, 1927.

HANSSON, Gunnar Ólafur. Remains of a submerged continent: Preaspiration in the languages of Northwest Europe. In: BRINTON, Laurel J. (Org.). *Historical Linguistics 1999:* Selected Papers from the 14th International Conference on Historical Linguistics. Amsterdam: John Benjamins, 2001. p.157-73.

HARDY, Karen et al. The Importance of dietary carbohydrate in human evolution. *The Quarterly Review of Biology* 90 (3), p.251-68, 2015.

HARMAND, Sonia et al. 3.3-million-year-old stone tools from Lomekwi 3, West Turkana, Kenya. *Nature* 521, p.310-5, 2015.

HARNAD, Stevan; STEKLIS, Horst D.; LANCASTER, Jane (Orgs.). *Origins and Evolution of Language and Speech*. Nova York: New York Academy of Sciences, 1976.

HARRIS, Zellig. *Methods in Structural Linguistics*. Chicago: University of Chicago Press, 1951.

HAUSER, Marc. *The Evolution of Communication*. Cambridge, MA: MIT Press, 1997.

HEINZ, Jeffrey. Learning long-distance phonotactics. *Linguistic Inquiry* 41, p.623-61, 2010.

_____; IDSARDI, William. What complexity differences reveal about domains in language. *Topics in Cognitive Science* 5 (1), p.111-31, 2013.

HENNESSY, John L.; PATTERSON, David A. *Computer Architecture:* A Quantitative Approach. Waltham, MA: Morgan Kaufman Publishers, 2011.

HENSHILWOOD, Christopher et al. Emergence of modern human behavior: Middle Stone Age engravings from South Africa. *Science* 295, p.1278-80, 2002.

HERMER-VAZQUEZ, Linda; KATSNELSON, Alla S.; SPELKE, Elizabeth S. Sources of flexibility in human cognition: Dual-task studies of space and language. *Cognitive Psychology* 39 (1), p.3-36, 1999.

HINGHAM, Thomas et al. Chronology of the site of Grotte du Renne, Arcy--sur-Cure, France: Implications for Neandertal symbolic behavior. *Before Farm* 2, p.1-9, 2011.

HINZEN, Wolfram. *Mind Design and Minimal Syntax*. Oxford: Oxford University Press, 2006.

HITTINGER, Chris Todd; CARROLL, Sean B. Gene duplication and the adaptive evolution of a classic genetic switch. *Nature* 449 (7163), p.677--81, 2007.

HOOGMAN, Martine et al. Assessing the effects of common variation in the *FOXP2* gene on human brain structure. *Frontiers in Human Neuroscience* 8, p.1-9, 2014.

HORNSTEIN, Norbert. *A Theory of Syntax*. Cambridge: Cambridge University Press, 2009.

HUERTA-SÁNCHEZ et al. Altitude adaptation in Tibetans caused by introgression of Denisovan-like DNA. *Nature* 512, p.194-7, 2014.

HUMPLIK, Jan; HILL, Alison L.; NOWAK, Martin A. 2014. Evolutionary dynamics of infectious diseases in finite populations. *Journal of Theoretical Biology* 360, p.149-62.

HURFORD, James. Beyond the roadblock in linguistic evolution studies. *Behavioral and Brain Sciences* 13 (4), p.736-7, 1990.

_____; STUDDERT-KENNEDY, Michael; KNIGHT, Chris. *Approaches to the Evolution of Language:* Cognitive and Linguistic Bases. Cambridge: Cambridge University Press, 1998.

HUXLEY, Julian. *Evolution:* The Modern Synthesis. 3.ed. Londres: Allen and Unwin, 1963.

HUXLEY, Thomas. *Letter to Charles Darwin, Novembro 23. Darwin Correspondence Project, letter 2544.* Cambridge: Cambridge University Library; disponível em: <www. darwinproject. ac. uk/letter/entry-2544>. 1859.

JACOB, François. Darwinism reconsidered. *Le Monde*, set. 1977, p.6-8.

_____. *The Statue Within.* Nova York: Basic Books, 1980.

_____. *The Possible and the Actual.* Nova York: Pantheon, 1982.

JERISON, Harry. *Evolution of the Brain and Intelligence.* Nova York: Academic Press, 1973.

JOBLING, Mark A et al. *Human Evolutionary Genetics.* Nova York: Garland Science, Taylor and Francis Group, 2014.

JOOS, Martin. *Readings in Linguistics.* Washington, DC: American Council of Learned Societies, 1957.

JÜRGENS, Uwe. Neural pathways underlying vocal control. *Neuroscience and Biobehavioral Reviews* 26 (2), p.235-58, 2002.

KALLMEYER, Laura. *Parsing Beyond Context-Free Grammars.* Nova York: Springer, 2010.

KIMURA, Moota. *The Neutral Theory of Molecular Evolution.* Cambridge: Cambridge University Press, 1983.

KING, Marie-Claire; WILSON, Alan. Evolution at two levels in humans and chimpanzees. *Science* 188 (4184), p.107-16, 1975.

KLEENE, Stephen. *Representation of Events in Nerve Nets and Finite Automata. Annals of Mathematical Studies* 34. Princeton: Princeton University, 1956.

KOBELE, Gregory. *Generating Copies:* An Investigation into Structural Identity in Language and Grammar. Ph.D. thesis, Department of Linguistics. Los Angeles: University of California at Los Angeles, 2006.

KOS, Miriam et al. 2012. CNTNAP2 and language processing in healthy individuals as measured with ERPs. *PLoS One 7* (10), p.e46995, Out. 24. doi: PMCID: PMC3480372. 10. 1371/journal. pone. 0046995.

KOULOURIS, Andreas et al. A parallel parsing VLSI architecture for arbitrary context-free grammars. *Proceedings of the 1998 Conference on Parallel and Distributed Systems*, IEEE, p.783-90.

KRAUSE, Johannes et al. The derived FOXP2 variant of modern humans was shared with Neandertals. *Current Biology* 17, p.1-5, 2007.

KUYPERS, Hanricus Gerardus Jacobus Maria. Corticobulbar connections to the pons and lower brainstem in man: An anatomical study. *Brain* 81 (3), p.364-88, 1958.

LANE, Nicholas. *The Vital Question:* Why Is Life the Way It Is? Londres: Profile Books Ltd., 2015.

LASHLEY, Karl. The problem of serial order in behavior. In: JEFFRESS, Lloyd A. (Org.). *Cerebral Mechanisms in Behavior*. Nova York: Wiley, 1951. p.112-36.

LASNIK, Howard. *Syntactic Structures Revisited*. Cambrige, MA: MIT Press, 2000.

_____.; KUPIN, Joseph. A restrictive theory of transformational grammar. *Theoretical Linguistics* 4, p.173-96, 1977.

LENNEBERG, Eric H. *Biological Foundations of Language*. Nova York: Wiley, 1967.

LEWONTIN, Richard. The evolution of cognition: Questions we will never answer. In: SCARBOROUGH, Don; LIBERMAN, Mark (Orgs.). *Methods, Models; Conceptual Issues:* An Invitation to Cognitive Science. 4th ed. Cambridge, MA: MIT Press, 1998. p.108-32.

_____. *The Triple Helix*. Nova York: Nova York Review of Books Press. 2001.

LINDBLAD-TOH, Kersten et al. A high-resolution map of human evolutionary constraint using 29 mammals. *Nature* 478, p.476-82, 2011.

LURIA, Salvador. *A Debate on Bio-Linguistics*. Endicott House, Dedham, MA, maio 1974. Paris: Centre Royaumont pour une science de l'homme. p.20-1.

LYELL, Charles. *Principles of Geology*. Londres: John Murray, 1830-3.

LYNCH, Michael. *The Origins of Genome Architecture*. Sunderland, MA: Sinauer Associates, 2007.

MAMPE, Birgite et al. Newborns' cry melody is shaped by their native language. *Current Biology* 19 (23), p.1994-7, 2009.

MARCHANT, James. 1916. *Alfred Russel Wallace Letters and Reminiscences*. Londres: Cassell.

MARCUS, Gary. *The Algebraic Mind*. Cambridge, MA: MIT Press, 2001.

_____. How *does* the mind work? *Topics in Cognitive Science* 1 (1), p.145-72, 2009.

MARGULIS, Lynn. *Origin of Eukaryotic Cells*. New Haven: Yale University Press, 1970.

MARICIC, Tomislav et al. A recent evolutionary change affects a regulatory element in the human *FOXP2* gene. *Molecular Biology and Evolution* 30 (4), p.844-52, 2013.

MAYNARD SMITH, John. *Evolution and the Theory of Games*. Cambridge: Cambridge University Press, 1982.

_____; SZATHMÁRY, Eörs. *The Major Transitions in Evolution*. 1995.

_____ et al. Developmental constraints and evolution: A perspective from the Mountain Lake Conference on development and evolution. *Quarterly Review of Biology* 60 (3), p.265-87, 1985.

MAYR, Ernst. *Animal Species and Evolution*. Cambridge, MA: Belknap Press of Harvard University Press, 1963.

_____. Can SETI Succeed? Not Likely. *Bioastronomy News* 7 (3). http://www. astro. umass. edu/~mhanner/Lecture_Notes/Sagan-Maior. pdf, 1995.

MCMAHON, Abril; MCMAHON, Robert. *Evolutionary Linguistics*. Cambridge: Cambridge University Press, 2012.

MCNAMARA, John M. Towards a richer evolutionary game theory. [doi: 10. 1098/rsif. 2013. 0544.] *Journal of the Royal Society, Interface* 10 (88), p.20130544, 2013.

MELLARS, Paul. Neanderthal symbolism and ornament manufacture: The bursting of a bubble? *Proceedings of the National Academy of Sciences of the United States of America* 107 (47), p.20147-8, 2010.

MINKSY, Marvin L. *Computation:* Finite and Infinite Machines. Englewood Cliffs, NJ: Prentice-Hall, 1967.

MONOD, Jacques. *Le Hasard et la nécessité*. Paris: Seuil, 1970.

_____. *Chance and Necessity:* An Essay on the Natural Philosophy of Modern Biology. Nova York: Vintage Books, 1972.

MÜLLER, Gerd. Evo-devo: Extending the evolutionary synthesis. *Nature Reviews. Genetics* 8, p.943-9, 2007.

MULLER, Hermann J. Bearing of the *Drosophila* work on systematics. In: HUXLEY, Julian S. (Org.). *The New Systematics*. Oxford: Clarendon Press, 1940. p.185-268.

MUSSO, Mariacristina et al. Broca's area and the language instinct. *Natsted-stedure Neuroscience* 6, p.774-81, 2003.

NEWMEYER, Frederick J. On the supposed "counter-functionality" of Universal Grammar: Some evolutionary implications, In: HURFORD, James R.; KENNEDY, Michael Studdert; KNIGHT, Christopher (Orgs.). *Approaches to the Evolution of Language*. Cambridge: Cambridge University Press, 1998. p.305-19.

NILSSON, D. E.; PELGER, Susanne. A pessimistic estimate of the length of time required for an eye to evolve. *Proceedings of the Royal Society Series B* 256 (1345), p.53-8, 1994.

NIYOGI, Partha; BERWICK, Robert C. The proper treatment of language acquisition and change. *Proceedings of the National Academy of Sciences of the United States of America* 109, p.10124-9, 2009.

NOWAK, Martin A. *Evolutionary Dynamics*. Cambridge, MA: Harvard University Press, 2006.

OHNO, Susumu. *Evolution by Gene Duplication*. Berlin: Springer-Verlag, 1970.

OKANOYA, Kazuo. The Bengalese finch: A window on the behavioral neurobiology of birdsong syntax. *Annals of the New York Academy of Sciences* 1016, p.724-35, 2004.

ORR, H. Allen. The population genetics of adaptation: the distribution of factors fixed during adaptive evolution. *Evolution; International Journal of Organic Evolution* 52 (4), p.935-49, 1998.

_____. The genetic theory of adaptation. *Nature Reviews. Genetics* 6, p.119--27, 2005.

_____. A revolution in the field of evolution? *New Yorker* (Nova York, N.Y.): Out. 2005, p.24.

_____.; COYNE, Jerry A. The genetics of adaptation revisited. *American Naturalist* 140, p.725-42, 1992.

OUATTARA, Karim; LEMASSON, Alban; ZUBERBÜHLER, Klaus. Campbell's monkeys concatenate vocalizations into context-specific call sequences. *Proceedings of the National Academy of Sciences of the United States of America* 106 (51), p.22026-31, 2009.

PÄÄBO, Svante. The human condition: a molecular approach. *Cell* 157 (1), p.216-26, 2014.

_____. Neanderthal Man. *Search of Lost Genomes*. Nova York: Basic Books, 2014.

PAGANI, Luca et al. Tracing the route of modern humans out of Africa using 225 human genome sequences from Ethiopians and Egyptians. *American Journal of Human Genetics* 96, p.1-6, 2015.

PERANI, Daniela et al. Neural language networks at birth. *Proceedings of the National Academy of Sciences of the United States of America* 108 (38), p.16056-61, 2011.

PETITTO, Laura Anne. On the autonomy of language and gesture: Evidence from the acquisition of personal pronouns in American Sign Language. *Cognition* 27 (1), p.1-52, 1987.

_____. How the brain begets language. In: MCGILVRAY, James. *The Chomsky Reader*. Cambridge: Cambridge University Press, 2005. p.85-101.

PFENNING, Andreas R. et al. Convergent transcriptional specializations in the brains of humans and song-learning birds. *Science* 346 (6215): 1256846, p.1-10, 2014.

PINHASI, Ronald et al. Revised age of late Neanderthal occupation and the end of the Middle Paleolithic in the northern Caucasus. *Proceedings of the National Academy of Sciences of the United States of America* 108 (21), p.8611-6, 2011.

PINKER, Steven; BLOOM, Paul. Natural language and natural selection. *Behavioral and Brain Sciences* 13 (4), p.707-84, 1990.

_____.; VAN DER LELY, Heather K. J. The biological basis of language: insight from developmental grammatical impairments. *Trends in Cognitive Sciences* 18 (11), p.586-95, 2014.

POELWIJK, Frank et al. Empirical fitness landscapes reveal accessible evolutionary paths. *Nature* 445 (25), p.383-6, 2007.

POLLARD, Carl. *Generalized Phrase Structure Grammars, Head Grammars and Natural Language*. Ph.D. dissertation, Stanford, CA: Stanford University, 1984.

PRABHAKAR, Shyam et al. Accelerated evolution of conserved noncoding sequences in humans. *Science* 314, p.786, 2006.

PRIESTLEY, Joseph. *Hartley's Theory of the Human Mind*. Londres: J. Johnson, 1775.

PTAK, Susan E. et al. Linkage disequilibrium extends across putative selected sites in *FOXP2*. *Molecular Biology and Evolution* 26, p.2181-4, 2009.

PULVERMÜLLER, Friedemann. *The Neuroscience of Language*. Cambridge: Cambridge University Press, 2002.

RAMUS, Franck; FISHER, Simon E. Genetics of language. In: GAZZANIGA, Michael S. (Org.). *The Cognitive Neurosciences*. 4th ed. Cambridge, MA: MIT Press, 2009. p.855-71.

REINHART, Tanya; REULAND, Eric. Reflexivity. *Linguistic Inquiry* 24, p.657--720, 1993.

RICE, Sean R. *Evolutionary Theory:* Mathematical and Conceptual Foundations. Sunderland, MA: Sinauer Associates, 2004.

_____; PAPADAPOULOS, Anthony; HARTING, John. Stochastic processes driving directional selection. In: PONTAROTTI, Pierre (Org.). *Evolutionary Biology:* Concepts, Biodiversity, Macroevolution and Genome Evolution. Berlim: Springer-Verlag, 2011. p.21-33.

ROSENFELD, Azriel. Quadtree grammars for picture languages. *IEEE Transactions on Systems, Man; Cybernetics* SMC-12 (3), p.401-5, 1982.

SAMET, Hanan; ROSENFELD, Azriel. Quadtree representations of binary images. *Proceedings of the 5th International Conference on Pattern Recognition,* p.815-8, 1980.

SAPIR, Edward; HOIJER, Harry. *The Phonology and Morphology of the Navaho Language.* Los Angeles: University of California Publications in Linguistics, 1967.

SAUERLAND, Uli; GÄRTNER, Hans Martin. *Interfaces + Recursion = Language?* Nova York: Mouton, 2007.

SAUSSURE, Ferdinand. *Cours de linguistic générale.* Paris: Payot, 1916.

SCHREIWEIS, Christiane et al. Humanized *Foxp2* accelerates learning by enhancing transitions from declarative to procedural performance. *Proceedings of the National Academy of Sciences of the United States of America* 111 (39), p.14253-8, 2014.

SCHULER, William et al. Broad-coverage parsing using human-like memory constraints. *Computational Linguistics* 36 (1), p.1-30, 2010.

SHERMAN, Michael. Universal genome in the origin of Metazoa: Thoughts about evolution. *Cell Cycle (Georgetown, TX)* 6 (15), p.1873-7, 2007.

SMITH, Neil; TSIMPLI, Ianthi-Maria. *The Mind of a Savant:* Language, Learning; Modularity Nova York: Wiley, 1995.

SOMEL, Mehmet; LIU, Xiling; KHAITOVICH, Philip. Human brain evolution: Transcripts, metabolites and their regulators. *Nature Reviews Neuroscience* 114, p.112-27, 2013.

SPOOR, Frederick et al. Reconstructed *Homo habilis* type OH 7 suggests deep-rooted species diversity in early *Homo. Nature* 519 (7541), p.83-6, 2015.

STABLER, Edward. Avoid the pedestrian's paradox. In: BERWICK, Robert C.; ABNEY, Stephen P.; TENNY, Carol. *Principle-based Parsing.* Dordrecht: Kluwer, 1991. p.199-237.

_____. *Top-down recognizers for MCFGs and MGs.* In: KELLER, Frank; REITER, David (Orgs.). *Proceedings of the 2 nd Workshop on Cognitive Modeling and Computational Linguistics,* p.39-48, 2011.

STEBBINS, Ledyard. Recollections of a coauthor and close friend. In: LEVINE, Louis (Org.). *Genetics of Natural Populations, the continuing influence of Theodosius Dobzhansky*. Nova York: Columbia University Press, 1995. p.7-13.

STEEDMAN, Mark. Evolutionary basis for human language. *Physics of Life Reviews* 11 (3), p.382-8, 2014.

STEFFANSON, Hreinn et al. A common inversion under selection in Europeans. *Nature Genetics* 37 (2), p.129-37, 2005.

STENT, Gunther. From probability to molecular biology. *Cell* 36, p.567-70, 1984.

STEVENS, Kenneth N. The quantal nature of speech: Evidence from articulatory-acoustic data. In: DAVID JR., Edward E.; DENES, Peter B. *Human Communication: A Unified View*. Nova York: McGraw-Hill, 1972. p.51-66.

STEVENS, Kenneth N. On the quantal nature of speech. *Journal of Phonetics* 17 (1/2), p.3-45, 1989.

STRIEDTER, Georg. *Principles of Brain Evolution*. Sunderland, MA: Sinauer Associates, 2004.

STROUDSBURG, PA: Association for Computational Linguistics; STABLER, Edward. Top-down recognizers for MCFGs and MGs. *Topics in Cognitive Science* 5, p.611-33, 2012.

SWALLOW, Dallas M. Genetics of lactase persistence and lactose intolerance. *Annual Review of Genetics* 37, p.197-219, 2003.

SZÁMADO, Szabolcs; SZATHMÁRY, Eörs. Selective scenarios for the emergence of natural language. *Trends in Ecology & Evolution* 679, p.555-61, 2006.

SZATHMÁRY, Eörs. From RNA to language. *Current Biology* 6 (7), p.764, 1996.

SZKLARCZYK, Damian et al. The STRING database in 2011: Functional interaction networks of proteins, globally integrated and scored. *Nucleic Acids Research* 39, p.D561-8, 2011.

TAKAHASHI, Daniel Y. et al. The developmental dynamics of marmoset monkey vocal production. *Science* 349 (6249), p.734-48, 2015.

TALLERMAN, Maggie. No syntax saltation in language evolution. *Language Sciences* 46, p.207-19, 2014.

TATTERSALL, Ian. *The Origin of the Human Capacity, the Sixty-Eighth James McArthur Lecture on the Human Brain*. Nova York: American Museum of Natural History, 1998.

_____. *The Monkey in the Mirror*. Nova York: Harcourt, 2002.

TATTERSALL, Ian. Becoming human: Evolution and the rise of intelligence. *Scientific American* (Julho), p.66-74, 2006.

_____. An evolutionary framework for the acquisition of symbolic cognition by *Homo sapiens*. *Comparative Cognition & Behavior Reviews* 3, p.99-114, 2008.

_____. Human evolution and cognition. *Theory in Biosciences* 129 (2-3), p.193-201, 2010.

THOMPSON, D'Arcy Wentworth. *On Growth and Form*. Cambridge: Cambridge University Press, [1917] 1942.

THOMPSON, John N. *Relentless Evolution*. Chicago: University of Chicago Press, 2013.

TISHKOFF, Sarah et al. Convergent adaptation of human lactase persistence in Africa and Europe. *Nature Genetics* 39 (1), p.31-40, 2007.

TOMASELLO, Michael. UG is dead. *Behavioral and Brain Sciences* 32 (5), p.470-1, 2009.

TRUBETZKOY, Nikolay. *Grundzüge der Phonologie*. Göttingen: Vandenhoeck & Ruprecht, 1939.

_____. *Principles of Phonology*. Trans. C. A. Baltaxe. Berkeley: University of California Press, 1969.

TURING, Alan; WARDLAW, Claude W. A diffusion reaction theory of morphogenesis. *The Collected Works of Alan Turing: Morphogenesis*. Amsterdam: North-Holland, [1953] 1992.

TURNER, John. Why we need evolution by jerks. *New Scientist* 101, p.34-5, 1984.

_____. Fisher's evolutionary faith and the challenge of mimicry. In: DAWKINS, Richard; RIDLEY, Matthew. *Oxford Surveys in Evolutionary Biology* 2. Oxford: Oxford University Press, 1985. p.159-96.

VAN DYKE, Julie; JOHNS, Clinton L. Memory interference as a determinant of language comprehension. *Language and Linguistics Compass* 6 (4), p.193-211, 2012.

VARGHA-KHADEM, Faraneh et al. FOXP2 and the neuroanatomy of speech and language. *Nature Reviews. Neuroscience* 6, p.131-8, 2005.

VERNOT, Benjamin; AKEY, Joshua M. Resurrecting surviving Neanderthal lineages from modern human genomes. *Science* 343 (6174), p.1017-21, 2014.

VIJAY-SHANKER, K.; WEIR, J. David; JOSHI, Aravind K. Characterizing structural descriptions produced by various grammatical formalisms. In: *Proceedings of the 25th Annual Meeting of the Association for Computational Linguistics* (ACL), p.104-11, Stanford, CA: Association for Computational Linguistics, 1987.

VIGNEAU, Nicolas-Roy et al. Meta-analyzing left hemisphere language areas: phonology, semantics; sentence processing. *NeuroImage* 30 (4), p.1414-32, 2006.

WALLACE, Alfred Russel. On the habits of the Orang-utan of Borneo. *Annals & Magazine of Natural History* (June), p.471-5, 1856.

_____. Sir Charles Lyell on geological climates and the origin of species. *Quarterly Review* (abr.), p.359-92, 1869.

_____. *Contributions to the Theory of Natural Selection.* 2nd ed. Londres: Macmillan, 1871.

WARDLAW, Claude W. A commentary on Turing's reaction-diffusion mechanism of morphogenesis. *New Physiologist* 52 (1), p.40-7, 1953.

WARNEKEN, Felix; ROSATI, Alexandra G. Cognitive capacities for cooking in chimpanzees. *Proceedings of the Royal Society Series B* 282, p.20150229, 2015.

WEINREICH, Daniel M. et al. Darwinian evolution can follow only very few mutational paths to fitter proteins. *Science* 7 (312), p.111-4, 2006.

WEXLER, Kenneth; CULICOVER, Peter W. *Formal Principles of Language Acquisition.* Cambridge, MA: MIT Press, 1980.

WHITNEY, William Dwight. *Oriental and Linguistic Studies.* Nova York: Scribner, 1893. v.1.

_____. *The Life and Growth of Language:* An Outline of Linguistic Science. Nova York: Appleton, 1908.

WOOD, Rachel et al. A new date for the Neanderthals from El Sidrón cave (Asturias, northern Spain). *Archaeometry* 55 (1), p.148-58, 2013.

WOODS, William A. Transition network grammars for natural language analysis. *Communications of the ACM* 13 (10), p.591-606, 1970.

WRAY, Gregory. The evolutionary significance of *cis* –regulatory mutations. *Nature Reviews Genetics* 8, p.206-16, 2007.

WRIGHT, Sewall. *Evolution, organic. Encyclopaedia Britannica.* 14th ed. 1948. v.8, p.914-29.

YANG, Charles. *Knowledge and Learning in Natural Language.* Nova York: Oxford University Press, 2002.

_____. Ontogeny and phylogeny of language. *Proceedings of the National Academy of Sciences of the United States of America* 110 (16), p.6324-7, 2013.

YOUNGER, Daniel H. Recognition and parsing of context-free languages in time *n* 3. *Information and Control* 10 (2), p.189-208, 1967.

ZHOU, Hang et al. A chronological atlas of natural selection in the human genome during the past half-million years. bioRxiv preprint June 19, 2015, doi: http://dx. doi. org/10. 1101/018929, 2015.

Índice onomástico

A

Abe, Kentaro, 166-7
Ahouse, Jeremy, 76 (2n)
Aitchison, Jean, 113, 123, 173
Akey, Joshua M., 37
Arbib, Michael A., 179
Ariew, André, 29 (8n)
Aristóteles, 82, 119, 162

B

Barton, G. Edward, 148 (7n)
Bar-Yosef, Ofer, 177
Beckers, Gabriel, 166-7
Bersaglieri, Todd, 37
Berwick, Robert C., 12, 13 (2n), 23, 70, 76 (2n), 133, 142, 144-5, 147, 148 (7n), 150-1, 154, 162, 164, 166-7, 171, 183
Bickerton, Derek, 11 (1n), 128 (1n), 171
Bloom, Paul, 113
Bloomfield, Leonard, 114

Boas, Franz, 51, 72
Bolhuis, Johan, 166-7
Bordes, Jean-Guillaume, 177
Bornkessel-Schlesewsky, Ina, 18-9, 44, 133-4, 181
Boyd, Lomax J., 57, 61
Brandon, Robert, 128 (1n)
Brodmann, Korbinian, 96
Brosnahan, Leonard Francis, 68 (1n)
Brown, Roger, 13
Bruner, Jerome, 13
Burling, Robbins., 79, 79 (3n)

C

Carroll, Sean, 73
Chatterjee, Krishendu, 29, 39, 43 (11n), 152 (10n)
Chomsky, Noam, 11 (1n), 13-5, 84, 114, 123, 132 (2n), 135 (3n), 138 (4n), 147-8, 151
Church, Alonzo, 18, 109
Cocke, John, 155

Coen, Michael, 23, 93-4
Cohen, Shay B., 155 (11n)
Collins, Michael, 155 (11n)
Colosimo, Pamela F., 83
Comins, Jordan A., 22, 94
Coop, Graham, 66, 179
Coyne, Jerry A., 46
Crain, Stephen, 137-8
Cudworth, Ralph, 102
Culicover, Peter W., 145, 149 (7n)
Curtiss, Susan, 109
Cuvier, Georges, 73

D
Darlington, Charles D., 68 (1n)
Darwin, Charles, 11-3, 23-6, 35-6, 39-42, 67, 73-4, 77-8, 123, 127-8, 165, 188
Dediu, Daniel, 69 (1n)
Dejerine, Joseph Jules, 182
Ding, Nai, 23
Dobzhansky, Theodosius, 46, 69 (1n), 173
Donald, Merlin, 179

E
Earley, Jay, 155
Enard, Wolfgang, 91, 174-5, 177, 179
Engesser, Sabrina, 22-3
Epstein, Samuel David, 133, 147

F
Feynman, Richard, 154, 161
Fisher, Ronald A., 24, 26, 45-9, 78
Fisher, Simon E., 91, 96, 126, 129, 187
Fitch, William Tecumseh, 13, 33, 46, 165, 179
Fong, Sandiway, 160
Frege, Friedrich Ludwig Gottlob, 102
Frey, Stephen, 186
Friederici, Angela, 181

G
Gallistel, Charles G., 64, 102, 151, 161, 181
Gärtner, Hans Martin, 87
Gehring, Walter, 35, 41-2, 83
Gentner, Timothy Q., 22, 94
Gillespie, John, 31 (9n), 32-3
Gödel, Kurt, 109
Goethe, Johann Wolfgang von, 78
Goldschmidt, Richard, 44, 48
Goodall, Jane, 102
Gould, Stephen J., 36, 75, 77
Graf, Thomas, 150
Graham, Susan L., 161
Grant, Peter, 36, 39
Grant, Rosemary, 36, 39
Greenberg, Joseph, 15 (3n)
Gross, Charles, 13
Groszer, Matthias, 92
Gunz, Philipp, 175

H
Haldane, John Burdon Sanderson, 24, 31 (9n), 46, 78
Hansson, Gunnar Ólafur, 139
Hardy, Karen, 182
Harmand, Sonia, 50
Harnad, Stevan, 14
Harris, Zellig, 72
Harrison, Michael A., 161
Harting, John, 33, 35
Hauser, Marc, 79
Heinz, Jeffrey, 139-44, 163
Hennessy, John L., 154
Henshilwood, Christopher, 50
Hermer-Vazquez, Linda, 187
Higham, Thomas, 176
Hill, Alison L., 35, 155 (11n)
Hinzen, Wolfram, 87
Hoijer, Harry, 139

Hoogman, Martine, 70 (1n), 173 (16n)
Hornstein, Norbert, 11 (1n), 128 (1n)
Huerta-Sánchez, Emilia, 37
Hume, David, 102
Humplik, Jan, 35, 155 (11n)
Hurford, James, 110, 113
Huxley, Julian, 46
Huxley, Thomas, 40-1, 77-8

I

Idsardi, William, 139-43, 163

J

Jackendoff, Ray, 149 (7n)
Jacob, François, 84, 98, 129-30
Jerison, Harry, 13, 80, 98
Jobling, Mark A., 59, 63, 66, 172, 179
Johns, Clinton L., 157
Joos, Martin, 72
Joshi, Aravind K., 149 (8n), 152 (10n)
Jürgens, Uwe, 21 (4n)

K

Kallmeyer, Laura, 156
Kant, Immanuel, 102
Kasami, Tadao, 155
Katsnelson, Alla S., 187
Khaitovich, Philipp, 56, 59, 62-3, 175
Kimura, Moota, 36, 48
King, Adam Philip, 64, 151, 181
King, Marie-Claire, 55-6
Kleene, Stephen, 146
Knight, Chris, 113
Kobele, Gregory, 148 (7n), 150, 156
Kos, Miriam, 173 (16n)
Koulouris, Andreas, 160
Krause, Johannes, 91, 174
Kupin, Joseph, 135 (3n)
Kuypers, Hanricus Gerardus Jacobus, 21 (4n)

L

Ladd, D. Robert, 69 (1n)
Lancaster, Jane, 14
Lane, Nicholas, 38, 45, 153 (10n)
Lasnik, Howard, 135 (3n), 156
Lely, Heather K. J. van der, 181
Lenneberg, Eric H., 13-4, 23, 68, 68 (1n), 109-10, 114-5, 120
Lewontin, Richard, 29 (8n), 79, 88, 95, 115, 126, 172
Liberman, Philip, 13
Lindblad-Toh, Kersten, 61
Linnaeus, Carl, 11
Liu, Xiling, 56, 59, 62-3, 175
Luria, Salvador, 98, 114
Lyell, Charles, 40
Lynch, Michael, 75

M

Mackey, Scott, 186
Mampe, Birgit, 9
Marchant, James, 128
Marcus, Gary, 158 (12n)
Margulis, Lynn, 37
Maricic, Tomislav, 60 (12n), 175
Markowitz, Jeffrey E., 163
Maynard Smith, John, 33, 37, 77
Mayr, Ernst, 13, 38-9, 46, 69 (1n), 153 (10n), 173
McMahon, April, 46-7
McMahon, Robert, 46-7
McNamara, John M., 35
Mellars, Paul, 177
Mendel, Gregor Johann, 24, 65
Miller, George, 13
Minsky, Marvin L., 65
Monod, Jacques, 41, 74, 78, 84, 129
Moro, Andrea, 124
Müller, Gerd, 75

Muller, Hermann J., 46
Musso, Mariacristina, 70, 124

N

Newmeyer, Frederick J., 122-3
Newton, Isaac, 72
Nilsson, D. E., 43 (10n), 180
Niyogi, Partha, 70
Nowak, Martin A., 34-5, 44 (11n), 152 (10n)

O

Ohno, Susumu, 44 (11n), 63
Okanoya, Kazuo, 144, 164
Orr, H. Allen, 35-6, 45-8, 83

P

Pääbo, Svante, 50-1, 59-61, 174
Pagani, Luca, 129, 172 (15n), 180
Papadapoulos, Anthony, 33, 35
Patterson, David A., 154
Patterson, Nick, 175
Peirce, Charles Sanders, 102
Pelger, Susanne, 43 (10n), 180
Perani, Daniela, 181, 184-5
Petitto, Laura Anne, 79 (3n), 168-9, 171
Petrides, Michael, 186
Pfenning, Andreas R., 21-2, 52-5, 57
Pilato, Samuel, 144, 164
Pinhasi, Ronald, 177
Pinker, Steven, 113, 181
Poelwijk, Frank, 75
Poeppel, David, 23
Pollard, Carl, 149 (8n)
Post, Emil, 86
Prabhakar, Shyam, 61
Priestley, Joseph, 72
Przeworski, Molly, 66, 179
Ptak, Susan E., 60 (12n)
Pulvermüller, Friedemann, 64

Q

Quine, Willard Van Orman, 102

R

Ramus, Franck, 96, 126, 129, 187
Reinhart, Tanya, 138 (4n)
Reuland, Eric, 138 (4n)
Rice, Sean R., 28, 33, 35, 153 (10n)
Ristad, Eric S., 148 (7n)
Rosati, Alexandra G., 44
Rose, Steven, 36
Rosenfeld, Azriel, 157
Ruzzo, Walter, 161

S

Sagan, Carl, 38
Samet, Hanan, 157
Sapir, Edward, 139
Satta, Giorgio, 155 (11n)
Sauerland, Uli, 87
Saussure, Ferdinand de, 113
Schreiweis, Christiane, 53, 93
Schuler, William, 159
Sherman, Michael, 76
Skeide, Michael, 181, 183
Smith, Neil, 124
Somel, Mehmet, 56, 59, 62-3, 175
Spelke, Elizabeth S., 187
Stabler, Edward, 148, 150, 159
Stebbins, Ledyard, 69 (1n), 173
Steffanson, Hreinn, 29
Steklis, Horst D., 14
Stent, Gunther, 73
Stevens, Kenneth N., 94
St. Hilaire, Geoffroy, 73
Striedter, Georg, 81
Studdert-Kennedy, Michael, 113
Számadó, Szabolcs, 97
Szathmáry, Eörs, 37, 65, 97

T

Takahashi, Daniel Y., 23
Tallerman, Maggie, 46
Tarski, Alfred, 102
Tattersall, Ian, 49-51, 63, 80-1
Teuber, Hans, 13
Thompson, D'arcy Wentworth., 75, 83
Thompson, John N., 36
Tishkoff, Sarah, 59
Tomasello, Michael, 51, 115-6
Trubetzkoy, Nikolai, 73
Tsimpli, Ianthi-Maria, 124
Turing, Alan, 18, 75, 83, 109
Turner, John, 36, 46

V

Van der Lely, Heather K. J., 181
Van Dyke, Julie, 157
Vargha-Khadem, Faraneh, 92
Vernot, Benjamin, 37
Vigneau, Nicolas-Roy, 182
Vijay-Shanker, K., 149 (8n), 152 (10n)

W

Wallace, Alfred Russel, 11, 11(1n), 71, 97, 104, 127-8, 165, 187
Wardlaw, Claude W., 75
Warneken, Felix, 44
Watanabe, Dai, 166-7
Weir, David J., 149 (8n), 152 (10n)
Wexler, Kenneth, 145
Whitney, William Dwight, 108, 113, 120
Wilson, Alan, 55-6
Wood, Rachel, 174
Wray, Gregory, 56
Wright, Sewall, 24, 26, 46, 78

Y

Yang, Charles, 85, 130, 169, 169 (14n), 170-1
Younger, Daniel H., 155

Z

Zhou, Hang, 66 (13n), 175, 179

Índice remissivo

A

Acaso como um fator evolucionário, 25-33, 35, 38, 41-2. *Ver também* Efeito estocástico na evolução

Acentuassomos e evolução, 56-7, 61-2

"Ácido algorítmico universal", aptidão/seleção como, 28-9, 152 (10n)

Adaptação, 11, 33, 45-8, 127. *Ver também* Aptidão; Seleção natural e evolução

Adaptação a altitude, 37

Adequação explicativa, 151

Adjunção, 132

Afinação vocal por crianças, 23

África, propagação de humanos modernos a partir da, 50-1, 68, 100, 172

Algoritmo de análise, 135

Algoritmo de Cocke-Kasami-Younger (CKY), 155, 158, 161

Algoritmo de Earley, 155, 158, 160

Algoritmos para computação da linguagem humana, 153-61

Alzheimer, doença de, 66 (13n)

Aprendizado associacionista, 169

Aprendizado vocal, 10, 21-3, 52-8, 161, 166

Aprendizagem de gramáticas, 109, 144-5. *Ver também* Aquisição

Aptidão, 28-34, 29 (8n), 39, 59

Aquisição

começando na infância, 1

de canto por aves canoras, 164-5

de línguas gestuais e faladas, 79 (3n), 90-1

e desenvolvimento cerebral, 184-5

e exclusividade da espécie em relação a linguagem, 116, 121

e gramática universal, 15, 109

Arcy-sur-Cure, 176-7

Área de Broca, 182

Área de trabalho gerativa, 117, 186

Área de Wernicke, 182

Arte figurativa, 51. *Ver também* Comportamento simbólico

Asas, 123

Associatividade, 139, 146, 164 (13n)

Átomos semelhantes a palavras da língua
armazenados no léxico, 82, 182
dependência mental/não referencial, 101, 103
evolução dos, 82, 87-8, 108-9, 128 (1n), 171
exclusivamente humanos, 101-2, 168-71
no quadro dos Princípios e Parâmetros, 16

Autapomorfia, linguagem como, 67, 78. *Ver também* Singularidade da linguagem para os humanos

Autômatos de pilha, 64, 137, 151, 155-6

Aves canoras, 21-3, 54, 143-4, 161-7

B

Biolinguística, perspectiva, 67, 71, 107-8

Blombos (caverna), 50, 172-4

Bolo occipital em neandertais, 176

Busca, 157

C

Canários, 163

Canibalismo, 176

Cantar, 11-2

Canto de pássaros, 21-3, 54, 143-4, 161-7

Capacidade gerativa, 147, 152 (10n)

Capacidade gerativa forte, 147

Capacidade gerativa fraca, 152 (10n)

Capacidade humana, a, 71, 80-1, 103

Caruso (teoria sobre a evolução da linguagem), 12

Células de pigmento, 41-2

Células sensíveis à luz, 41-2

Châtelperron (caverna em Arcy-sur--Cure), 176-7

Chimpanzés,
comunicação e, 102
diferenças genéticas para humanos, 55, 57-8, 62
habilidade de cozinhar alimento, 44
tentativas de ensinar língua humana para, 130, 167-71

Church-Turing, Tese de, 18

CNTNAP2, 173 (16n)

Complexidade computacional, 148 (7n)

Comportamento regido por regras vs. memorização, 169-71

Comportamento simbólico, 51, 63, 71, 172-3, 176-7

Computação da estrutura linguística, 18-20, 139-61

Computação mínima/pesquisa, 19-20, 144

Comunicação, 78-80, 97-8, 103, 119-20

Concatenação, 116, 146

Condições para o estudo da evolução da linguagem, 10-1, 112-6

Contagem e língua, 70, 144

Contexto limitado, 143-6, 164

Continuidade vs. descontinuidade da evolução
da linguagem, argumentos para continuidade, 11-2, 18, 40, 44-5, 114, 134
da linguagem, argumentos para descontinuidade, 14, 23, 114, 165
do olho, 41-2,
e genética da população, 25
Ver também Gradualismo; Micromutacionismo

Controle motor e aprendizado, e *FOXP2*, 93

Corvídeos, 161

Corvos, 161

Cozinhar, 44

Cromossomo 17 em mulheres, 29

D

Darwinismo, 10-1, 127-8

Deficiência de linguagem, 14. *Ver também* dispraxia verbal e *FOXP2*

Denisovanos, 37, 40, 59, 63

Dependência de estrutura das regras, 17-8, 121-2, 132-4, 137-8

Deriva genética, 26-8

Deslocamento, 70, 88-90, 95, 117-8, 124-5, 162

Dimensional de Vapnik-Chernovenkis, 145

Dispraxia verbal e *FOXP2*, 91-5. *Ver também* Patologias

Distância estrutural vs. linear na linguagem, 18, 121, 135

Diversidade

de combinações de palavras, como critério de comportamento regido por regras, 169-71

de formas orgânicas, 74, 77

variação das línguas, 72-3, 99-100, 110-1, 123, 125, 138-9

Ver também Uniformidade

DNA não codificante, 56

Duplicação genômica, 44 (11n), 63, 65-6

E

Efeitos de amostragem, 26-8

Efeitos estocásticos na evolução, 26-33, 35, 41-2, 48, 59. *Ver também* Acaso como um fator evolucionário

Eficiência computacional, 87, 89-90, 109, 119, 125, 164

El Sidrón (caverna), 174, 176

Entidades independentes da mente (características da comunicação animal) 101-2, 169

Estorninhos, 166

Estratégia de "dividir e conquistar" como abordagem para o problema da evolução da linguagem, 20, 23, 58

Estrutura linear vs. hierárquica, 17-20, 124, 136-39

Estruturalismo, 73, 113-4

Estrutura do cérebro e linguagem, 21-3, 182-6

Estruturas arbóreas, 156, 158 (12n)

Estruturas conceituais em outros animais, 101-2, 131 (2n), 168-9

Evolução aos pulos, 36. *Ver também* Continuidade vs. descontinuidade da evolução

Evolução convergente, 21

Evolução da gramática universal, 10, 109-11, 114

Evolução do olho, 35, 40-2, 83, 180

Evolução e desenvolvimento (evo-devo), 74-5, 78, 83-4, 180

Evolução e restrições, 80

Evolução e teoria dos jogos, 33-5

Evolução humana paleoarqueológica, 50-2

Evolução lenta, 36. *Ver também* Continuidade vs. descontinuidade da evolução

Exaptação, 51

Externalização

como secundária, 90-1

como sistema de *input-output*, 10

e deslocamento, 90

e diversidade de línguas, 99-100, 123, 126

e *FOXP2*, 53, 91-3

relativamente periférica em em relação a linguagem, 10, 90-2, 97, 119, 124

sem modalidade específica, 20-1

F

Fala dirigida à criança, 13-4

Fenômeno mental, status científico do, 71-2, 105

Fenótipo da linguagem, 10-1, 15-6, 20, 61

Ferramenta mental, linguagem como, 13, 97-9, 188. *Ver também* Pensamento, linguagem como instrumento de

Ferramenta mental interna, linguagem como, 13, 97-9, 188. *Ver também* Pensamento, linguagem como instrumento de

Fatias (segmentos, cortes, pedaços, porções), 134-5, 162-4

Fatores de transcrição e evolução. *Ver FOXP2* (gene) e FOXP2 (proteína)

Fita da vida, 75

Fixação de traços genéticos em populações, 26, 32-3, 59

Força seletiva, 58-9. *Ver também* Aptidão

Formação de categorias, 22

Formigas, 151-2

Fonemas e análogos não humanos, 23, 94

Fonotática, 139-44

FOXP2 (gene) e FOXP2 (proteína) em neandertais e humanos, 60, 60 (12n), 174-5

e processamento, 173 (16n)

e sistema sensório-motor, 53, 91-5

e varredura seletiva, 65-6

Função biológica, 11, 51-2, 79

G

Genética da adaptação, 47

Genética e linguagem, 13-4

Genoma humano, 51, 58-63, 173 (16n)

e neandertais vs. humanos, 61-2

Geospiza fortis e *G. Scandens*, 39

Gradualismo, 36, 46, 49, 78, 125, 128. *Ver também* Continuidade vs. descontinuidade da evolução; Micromutacionismo

Gramática categorial combinatória, 131-2, 148

Gramática de estrutura sintagmática, 86, 88, 131 (2n). *Ver também* Gramáticas livres de contexto

Gramática gerativa, história da, 9-10, 14-6, 84-7, 109, 111-2, 114-5

Gramática gerativa transformacional, 14-6, 132, 135 (3n), 145, 156

Gramática Léxico-Funcional (FLG), 132, 148

Gramática Universal (GU), 15-6, 73, 108-11, 115-6

Gramáticas livres de contexto (GLCs), 131-2, 147-8, 150-1, 152 (10n). *Ver também* Gramática de estrutura sintagmática

Gramáticas livres de contexto múltiplas (GLCMs), 148-151, 152 (10n)

Grau limitado de erro, 145

Grotte du Renne, 177

H

HARE5, 62

Harmonia em fonologia, 139-43, 163

Harmonia da sibilante em Navajo, 139-43

Head-driven phrase structure grammar (HPSG), 132, 148

Head grammar, 149 (7n)

Herança de partículas vs. misturada, 24-6

Hibridização, 177-8

Hipótese de Kuypers-Jürgens, 21 (4n)

Homo erectus, 61

Homo ergaster, 50-1

Homo habilis, 61

HPSG, 132, 148

Humanos anatomicamente modernos, 50-1, 62-3, 129, 175-6

I

Implementação de computação da linguagem humana, 64-6, 128-9, 153-4, 160-1, 180-1

Indo-europeísta, 112-3

Infinidade digital, 10, 82, 86

Integração de informação, 187-8

Inteligência, evolução da, 38-9

Interface conceitual-intencional. *Ver* Interface semântico-pragmática

Interface semântico-pragmática, 10, 20, 86. *Ver também* Pensamento, linguagem como instrumento de

Interface sensório-motora, 10, 20, 52-3, 99. *Ver também* Externalização

Interpretação nas interfaces, 10, 17, 20, 117-8, 130. *Ver também* Interface semântico-pragmática; interface sensório-motora

Intratabilidade computacional da evolução, 28-9, 39, 152 (10n)

Introgressão, 37

Itens lexicais. *Ver* Átomos semelhantes a palavras da língua

K

Kanzi (bonobo), 169 (14n)

Kit de desenvolvimento genético, 77

L

LCT, gene da persistência da lactase, 59

Leis da física e restrições, 53, 74-5, 94. *Ver também* Leis e princípios da natureza

Leis e princípios da natureza, 83, 87, 94, 109. *Ver também* Eficiência computacional; Leis da física e restrições

Léxico, 82, 117, 182, 184

Ligação, 118, 137-8

Língua e contagem, 70, 144

Linguagem (termo), 67

Linguagem como ferramenta mental, 13, 97-9, 188. *Ver também* Pensamento, linguagem como instrumento de

Linguagem do pensamento, 20, 87, 99 (6n), 104, 181

Língua-I, 108

Línguas levemente sensíveis ao contexto, 151, 152 (10n)

Línguas gestuais, 14, 79 (3n), 90, 100

Línguas regulares, limites das, 138 (4n), 147

Línguas regulares e relações, 139, 141-5. *Ver também* Redes de transição de estado finito

Línguas regulares k-local e k-segmentada, 143-4

Línguas tonais, preferência genética putativa para, 69 (1n)

Linguística Antropológica, 72-3

"Linhas", processamento de linguagem por, 134-6

Lócus de Características Quantitativas, 47

Lonchuria striata domestica, 162

M

Macaca (gênero), 185-6

Macacos, 61

Macacos Campbell, 164 (13n)

Máquinas de estado finito, 139-40

Máquinas de Turing, 64, 136, 148 (7n), 151-2, 156

Matrizes em computação, 155-6, 160

MEF2A, 62

Memória de conteúdo endereçável, 155-9

Merge, 19-20

    como linguagem "CPU", 52

    definição de, 19, 88-9

    e deslocamento, 88-90

    emergência de, 95-6, 104, 152 (10n), 171-2, 186-7

    e não humanos, 166

    Externo, 88-9, 117, 131, 147

    Interno, 89, 117, 131 (2n), 144, 148-50

    ordem linear não especificada por, 131-3

    otimalidade/simplicidade de, 86-7, 116-7

    Ver também Procedimentos gerativos

Merge Externo, 88-9, 117, 131, 147

Merge Interno, 89, 117, 131 (2n), 144, 148-50

Micromutacionismo, 44-6, 49, 78. *Ver também* Continuidade vs. descontinuidade da evolução; Gradualismo

Modelo tripartite da linguagem humana, 20, 52

Modelos de processamento linear, 18-9, 134-6

"Monstros esperançosos", 44

Morfologia racional, 78

Mudança de língua, 70, 99-100, 109-10

Mudanças evolutivas abruptas, 38. *Ver* Continuidade vs. descontinuidade da evolução

Música, 12-3

Mutação, como causa da emergência da linguagem, 86

N

"*Natura non facit saltum*", 11, 41. *Ver também* Continuidade vs. descontinuidade da evolução

Natureza hierárquica da estrutura linguística, 17-8, 21, 130-1, 133-7

Navajo, harmonia da sibilante em, 139-43

Navegação, 151-2, 180

Navegação de insetos, 151-2, 180

Neandertais, 37, 40, 50-1, 58-63, 60 (2n), 173-7

Nim (chimpanzé), 130, 145-8, 167-170

Níveis explicativos de Marr, 153-61

Ordem de palavras. *Ver* Ordenamento linear de palavras/sinais

Ordenamento linear de palavras/ sinais, 17-8, 21, 85, 91, 120-1, 133, 138-9

Opsinas, 43 (10n), 83

P

Paleoarqueologia do *Homo*, 49-50, 175

Pan-adaptacionismo, 127

Parâmetros linguísticos, 16, 70, 84-5, 99

Parsing paralelo, 154, 159-61

Patologias, 14. *Ver também* Dispraxia verbal e *FOXP2*

Pedigree, análise de, 14

Peixe esgana-gata, 83

Pensamento, linguagem como instrumento de

ao invés de comunicação, 80, 90, 97-8, 119-20, 125

linguagem do pensamento e teoria Caruso de Darwin, 12

vantagem seletiva da, 187-8

Percepção da fala, 165

Período crítico para aquisição da linguagem, 14

Persistência de lactase, 37, 59, 69

Pintassilgos, 39-40, 94, 141-4, 163, 166

Poço gravitacional estocástico, 32, 37, 59

Poderes cognoscitivos, 102-3

População, tamanho da população e genética da, 25-6, 30-3, 58-9, 175

Primatas, 18-9, 165-7, 185-6. *Ver também* Macacos; Chimpanzés

Princípios e Parâmetros, quadro de, 16, 84-5, 111

Problema de Darwin, 11, 13, 20

Problema de Gallistel, 64-5, 161

Problema de Wallace. *Ver* Problema de Darwin

Problema *mente-corpo*, 72

Problemas de preenchimento (*filler-gap problems*), 90, 119

Procedimento gerativo, 82, 85-6. *Ver também Merge*

Processamento de linguagem natural, 18-9, 64, 134-7, 159

Processamento de traços de concordância, 173 (16n)

Processamento humano vs. não humano, 18-20

Programa Minimalista, 17-8, 112, 130

Projeto Nim, 130, 167-71

Pronomes e ligação pronominal, 137-8

Propagação dos humanos modernos a partir da África, 50-1, 68, 100, 172

Propriedade de cópia do *Merge* Interno, 117-9, 125, 163

Propriedades básicas da linguagem, 9, 20, 63, 107-8, 125, 171-7

Protolinguagem musical, 12-3

Q

Quadtrees, 157

Quantificador, ligação variável de, 118

R

Reconfiguração/religação cerebral, emergência da linguagem como, 83, 96, 125, 129, 186

Recursão, 18, 82, 87, 99 (6n), 130

Redes de transição de estado finito, 140, 143, 146, 162, 164, 164 (13n), 167

Redes de transição de estado finito reversível-*k*, 144-5, 164-5

Referência e referencialismo, 102-3, 108-9

Regulação, 55-6, 62-3

Representação conjuntística e *Merge*, 19, 116, 156

Restrições de localidade, 143-5

Restrições de precedência linear, 140, 162

Restrições físicas, 53, 74-5, 94. *Ver também* Leis e princípios da natureza

Rótulos sintáticos, 19-20, 131, 157

S

Saguis, 23

Saltos evolucionários, 11. *Ver também* Continuidade vs. descontinuidade da evolução; "*Natura non facit saltum*"

Scala Naturae, 151-2

Seleção dependente da frequência, teoria dos jogos e, 34-5

Seleção natural

como uma peneira, 24, 42, 52, 74, 177

efeitos estocásticos e, 25, 28-30, 38. *Ver também* Efeitos estocásticos na evolução

e emergência da linguagem, 11-2, 81, 127

e outros fatores evolucionários, 32, 35, 45-6, 49, 74-5, 123

escopo de soluções acessíveis, 28-9, 152 (10n)

velocidade da, 40-1. *Ver também* Velocidade das mudanças evolucionárias

Sequencialidade, dissociação entre externalização e sintaxe, 23

Simplicidade da sintaxe da linguagem humana, 10, 16, 86, 116-7, 124

Singularidade da linguagem para os humanos, 67, 78-80, 101-3, 116, 153

Sintaxe simples, 149 (7n)

Síntese Moderna, 24, 26, 36, 45, 78

Sistemas de comunicação animal, 78-80, 97-8, 101-2, 120. *Ver também* Comunicação

Sistemas sem sentido (*nonsense*), 124

SLIT1, 55

Sociedade Linguística de Paris, 113

Suportes para a linguagem no registro antropológico, 63, 104, 172, 176

T

Tamanho do cérebro de humanos, 12, 39, 50, 61-3, 81, 175-6

Tamanho efetivo da população humana, 59

Televisão, analogia para externalização, 95 (5n)

Tempo para a emergência da linguagem, 171-3

Tempo polinomial determinístico, 148 (7n)

Tentilhões, 39

Teoria da regulação negativa generalizada, 84

Teoria de aprendizagem de grau 2, 145

Teoria dos jogos em modelagem evolucionária, 33-5

Teoria quantal da produção da fala, 91

Tese Minimalista Forte (TMF), 87-8, 100, 112, 116

Tibetanos, 37

Transições na evolução, 36-8

Trato vocal, diferenças genéticas e efeitos linguísticos, 68 (1n)

Tratos fibrosos conectando as áreas de Broca e Wernicke, 182-6

Tree-Adjoining Grammar (TAG), 132, 148

U

Uniformidade

da faculdade humana da linguagem, 68, 70, 104, 123-4, 173 (16n)

na natureza, 73-8

Ver também Diversidade; Variação

Uniformitarianismo, 40, 44

Universais linguísticos, 15 (3n)

Uso criativo da linguagem, 105

V

Vantagem seletiva, 29-30

da linguagem, 96-7, 187-8

Variação

entre as línguas, 72-4, 99-100, 110-1, 123, 125, 138-9

genética, 24, 67, 68 (1n), 73, 173 (16n)

Ver também Diversidade; Uniformidade

Varreduras seletivas, 65-6, 66 (13n), 174-5, 177-9

Velocidade das mudanças evolucionárias, 36-42, 43 (11n), 58, 123

Very large scale integrated circuits, 160

W

Western scrub jays, 161

SOBRE O LIVRO

Formato: 14 x 21 cm
Mancha: 23 x 44 paicas
Tipologia: Iowan Old Style 10/14
Papel: Off-white 80 g/m² (miolo)
Cartão Supremo 250 g/m² (capa)
1ª edição *Editora Unesp*: 2017

EQUIPE DE REALIZAÇÃO

Edição de texto
Silvia Massimini Felix (Copidesque)
Tomoe Moroizumi (Revisão)

Capa
Marcelo Girard

Editoração eletrônica
Eduardo Seiji Seki (Diagramação)

Assistência editorial
Alberto Bononi
Richard Sanches

Impressão e Acabamento:

EXPRESSÃO & ARTE
EDITORA E GRÁFICA
www.graficaexpressaoearte.com.br